1년 동안 100여 명을 교회에 인도한

전도 2관왕

할머니의 전도법

특별히_____님께

이 소중한 책을 드립니다.

전도 2관왕

할머니의 전도법

박순자 지음

나침반

나는 육십대 할머니입니다

젊었을 때는 남부럽지 않은 성공도 거두었습니다.

자녀들도 문제없이 잘 자라주었습니다. 그러나 모든 걸 잃고 무일푼이 되었습니다. 나이도 들고, 인생의 풍파로 건강마저 악화되었습니다. 모든 걸 잃은 상황, 절망만이 남은 인생의 최악의 순간에 나는 예수님을 만났습니다.

예수님의 사랑으로 구원 받은 제 인생은 새롭게 변했습니다.

여전히 무일푼에, 그나마 건강이 약간 좋아졌을 뿐이지만 그래도 분명히 내 인생은 새롭게 변했습니다.

그 사랑 때문에 나는 전도를 시작했습니다.

나를 변화시키고 새로운 삶을 허락한 주님의 그 사랑을 다른 사람에게 전하지 않고는 견딜 수가 없었습니다. 그래서 나의 남은 모든 인생을 주님께 올인하며 전도에만 온 힘을 쏟았습니다.

가진 것도 없는 데다 나이도 많은 상황, 손주들까지 봐주느라 시간도 부족하고 연고도 없는 하남 땅에서의 전도였지만 하나님은 저의 중심을 봐주셨고, 저의 열심을 사용해주셨습니다. 그렇게 오로지 하나님의 도구로 사용되어진 것이 부족한 저의 전도의 열매였고 놀라운 성령님의 역사였습니다. 그럼에도 불구하고 주님은 감리교 중앙연회의 전도왕이 되는 그것도 2관왕이되는 영광을 주셨습니다. 하나님은 하나님이 기뻐하는 일을 감당하려하면 반드시 많은 열매를 주시고 풍성한 상도 주시는 분임을 알았습니다.

그리고 평생 동안 감히 상상도 할 수 없었던 간증 책까지 하나님의 인도하심으로 내게 되었습니다. 하나님의 은혜와 축복에 비하면 너무나 미약한 결과이기 때문에 저는 출판제의를 고사하고 다만 전도에 정진하고자 했으나, "한국 교회에 계신 많은 다른 할머니들에게, 할머니들도 얼마든지 젊은 엄마들, 아이들을 전도할 수 있다는 희망이자 부흥의 작은 불씨가 될 수 있습니다"라는 나침반출판사 김용호 대표님의 말씀에 힘을 얻어 모든 것을 하나님께 맡김으로 이렇게 책을 낼 결심을 하게 되었고, 이성은 작가가 저의 이야기를 잘 정리해 주었는데, 지금은 곳곳에 간증을 다니게 됐습니다.

전도를 하기에는 최악의 상황이었지만 그럼에도 열심히 복음을 전하자 잃어버린 영혼들이 주님께로 돌아왔고, 보너스로 하나님은 저뿐 아니라 저희 가정에까지 넘치는 큰복을 허락하셨습니다.

저의 이 부족한 이야기가 하나님의 말씀을 실천하며 전도하는 모든 사람들이 경험할 수 있는 이야기이며, 교회의 일선에서 물러나 있는 할머니들이 오히려 교회의 성장과 한국 교회의 미래를 위한 강력한 성장동력이 될 수 있다는 작은 증거이자 희망이 되었으면 좋겠습니다.

　　마지막으로 절망 속에 빠져있는 저를 만나주시고 세상의 그 무엇과도 바꿀 수 없는 귀한 사랑을 허락하신 하나님 아버지께 감사와 영광을 돌립니다.

　　또한 부족한 엄마를 믿고 물심양면으로 전도를 지원해주며 하나님께 쓰임 받는 귀한 가족들, 아들 김진웅, 며느리 김혜은, 큰딸 김진영, 큰사위 정재우, 작은 딸 김지혜, 작은사위 김재우 나의 전도 동역자이자 나의 기업의 열매인 손주들, 김온유, 김용석, 김보명, 김지유, 정은체, 김성민, 정은택, 믿음으로 설 수 있도록 말씀을 주신 故시어머니 김예삐 권사님, 그리고 친손주를 말씀과 기도로 양육시켜주시는 임희순 권사님, 다니엘의 세친구들처럼 나를 늘 중보해준 이동식, 박길순, 김숙, 이경희, 한경희, 강순자, 정옥희, 김순남 권사님, 천보산 민족기도원의 영적멘토이신 우정재 권사님, 김화영 목사님, 선한 목자의 마음으로 양육해주시고 격려해주시는 성안교회 장학봉 목사님과 정삼숙 사모님, 그리고 성안교회의 모든 귀한 성도님들과 동역자들에게 감사를 드립니다.

　　하나님의 은혜에 감격하며...
　　박순자입니다.

목차

제1부 예수님 만나기까지 9

제2부 예수님 만나게 하기 29

    1. 전도는 실천이다
    2. 전도는 베풂이다
    3. 전도는 타이밍이다
    4. 전도는 축복이다
    5. 전도는 믿음의 유산이다

제3부 할머니의 전도 **2**관왕 119

   ●전도 3대, 이렇게 삽니다

전도 2관왕이 되다 / 새 일을 시작하겠구나 / 첫 전도 간증은 문답식으로 / 청심환이 아니라 하나님 힘으로 / 5만 원으로 전도한 택시 아저씨 / 방송 출연과 미디어 전도 / 대구 순복음교회와 팔공산 할머니 / 청소년 전도왕 큰딸의 생활 전도법 / 특송, 전도 할머니의 손녀 / 극동방송 어린이합창단과 유학 / 보명이는 찬양 선교사 / 미사리 게스트하우스의 탄생 / 할머니의 전도는 마음이죠 / 전도, 그 거룩한 부담 / 손자 이름으로 드린 불빛 헌금 / 쓰고 또 쓰며 붙잡은 말씀들 / 열려라 에바다 열려라 / 책은 씨앗으로, 사례비는 건축헌금으로

제4부 할머니의 전도와 부흥 165
    (성안교회 - 정삼숙 사모)

제1부

예수님 만나기까지

**예수님은
나의 주님**

첫 신앙 생활, 첫 전도 열매

제 나이 스물 하나가 되던 해에 인생의 큰 변화가 찾아왔습니다.

당시 양장점 디자이너로 나름 자리를 잡고 살아가던 저는 한 남자를 만나 결혼을 하게 되었습니다.

지금은 돌아가신 시어머니는 독실한 크리스천이었는데 "결혼을 하려면 교회를 다녀야 된다"고 하셨습니다. 당시 교회에 나가 본 적도 없고 기독교에 대해서 전혀 모르던 저는 그래도 이상한 종교나 잘못된 일을 하는 것은 아닌 것 같아서 교회에도 나가고 신앙생활을 열심히 하겠다고 약속을 하고 허락을 받아 남편과 결혼 했습니다. 아직 어린 나이인 스물 하나에 결혼이란 인륜지대사와 기독교라는 세계관의 변화를 경험한 것입니다.

저는 시어머니와의 약속을 말뿐만 아니라 행동으로도 지키려고 노력했습니다. 도대체 교회에서 말하는 진리가 무엇인지, 예수님이 누구인지 알아보고자 하는 열심도 있었습니다. 그런데 이상하게 제가 교회 일에 열심히 참여하려고 하면 오히려 저보다 먼저 교회를 다니면서 신앙생활을 해 안수집사까지 된 남편이지만 이상하게 저의 신앙생활에 심하게 간섭 했습니다. 저는 남편과의 결혼 때문에 예수님을 믿고 교회에 나가게 되었지만, 아이러니하게도 그 남편으로 인해 신앙의 중심으로는 나아가지 못하고 있었습니다.

그러나 초신자였던 저는 그런 와중에도 뭔가 해야겠다는 생각이 들어 무작정 교회 주보와 전도지를 갖고 밖으로 나가 사람들에게 나눠 주었습니다. 아마 무엇이든 떠오르면 일단 몸으로 하고 봐야하는 저의 실천파 성향이 발동했던 것 같습니다.

이때가 제 인생의 첫 번째 전도였는데 당시 초신자였던 저는 이런 행동이 전도인지도 몰랐습니다. 그러나 이런 무작정 전도를 통해서도 열매가 맺혀 당시 거의 열명 정도를 교회로 인도했는데 당시 교회에서 10명을 전도해오면 금반지 한 돈을 주는 행사를 하고 있었습니다. 그래서 목사님을 찾아가 "저도 열명 전도했는데 왜 금반지 안 주세요?"라고 따졌던 기억도 있습니다. 나중에 알고 보니 행사 기간 안에 열 명을 전도해야 하는 것이기 때문에 저는 해당이 되지 않았

는데 그것도 모르고 목사님한테 전도를 했다고 금반지를 요구한 것이었습니다.

사실을 알고는 오기가 생겨서 '내가 열명을 교회로 인도해서 금반지를 꼭 받고 말리라!'는 생각을 가지고 다시 전도를 시작했는데 어쩐 일인지 그때부터 전도가 한 명도 되지 않았습니다. 무작정 전도지 한 장 들고나가서도 열명을 전도했기 때문에 마음만 먹으면 훨씬 쉽게 전도를 할 수 있을 것이라고 생각했는데 이상하게도 더 열심히 전도지를 돌리며 전도를 했는데도 단 한 명도 전도를 할 수가 없었습니다.

지금 생각하면 당연히 불순한 마음으로 전도를 하려고 하니 성령님이 역사하지 않으셨던 것 같습니다. 또 설령 그렇게 성공을 했더라도 영혼구원이 목적이 아닌 전도는 하나님이 기뻐하기 않으신다는 사실을 그때는 몰랐습니다. 하지만 이때의 경험을 통해 아무리 고전적이고 뻔한 방법이라도 일단 실천을 해야 효과가 있다는 것과 하나님이 진짜 기뻐하시는 전도의 본질에 대해서 훗날 깨달을 수 있었습니다.

그러나 그런 막무가내식 저의 첫 번째 전도를 통해서도 하나님은 귀하게 열매를 맺으셨습니다.

몇 년이 지난 뒤에 교회를 가는데 갑자기 당시 초등부에서 징밀 열심히 사역을 하시던 담당 전도사님이 저를 보고 뛰쳐나와 큰절을 하려고 해서 매우 당황했습니다. 저는 사람들의 시선을 피해 절을 하려는 전도사님을 부여잡고 물었습니다.

"전도사님, 왜 이러세요? 갑자기…"

"갑자기가 아닙니다, 오늘 제 절을 꼭 받으셔야 합니다."

"아니, 갑자기 왜요? 도대체 무슨 이유데요?"

"제가 사실 요즘 사역을 하며 하나님의 은혜를 통해 너무나 벅찬 인생을 살고 있습니다. 그런데 제가 어쩌다 이렇게 예수님을 믿게 되었나… 누구를 통해 교회에 오게 되었나… 생각해 보니 바로 저를 인도해주신 분이었습니다. 저에게 이런 귀한 기회를 주신 분에게 제가 그동안 소홀히 대한 것을 생각하니 정말로 땅이 꺼질 정도로 한숨이 나옵니다. 그런 이유로 오늘은 큰절이라도 꼭 드려야겠습니다."

"네? 아니, 그래도 그렇지… 어떻게 하나님의 일을 하는 분에게 제가…"

사정을 듣고 보니 전도사님을 전도한 사람이 몇 년 전의 저라는 것입니다. 자기가 이렇게 하나님을 위해 열심히 헌신할 수 있는 기쁨을 누리게 된 것이 그때 제가 전도를 했기 때문이라는 깨달음이 갑자기 찾아왔기에 오늘은 꼭 감사를 표현해야겠다고 마음을 먹으셨던 것입니다.

정말 귀하고 감사한 고백이었지만 솔직히 고백하면 저는 그때까지

제가 그분을 전도한 줄도 모르고 잊고 있었습니다.

　어쨌든 비록 나이는 제가 많았지만 그래도 사역자에게 함부로 절을 받을 수는 없어 끝까지 극구 만류했지만 거듭되는 전도사님의 간청과 이유가 일리가 있다는 생각에 납득이 가 마지못해 큰절을 받았습니다.

　그러나 그때 이후로 몇 십 년 동안 제 인생에서 전도의 기회는 다시 찾아오지 않았습니다. 그리고 남편의 방해로 신앙 역시 겉돌기만 할 뿐 조금의 성장도 하지 못한 채로 그냥 종교생활을 하며 허송세월 보내고 있었는데 그러는 중에 도저히 제 힘으로 감당할 수 없는 인생의 모진 풍파들이 찾아오기 시작했습니다.

실패, 성공, 그리고 다시 실패

　의미 없이 겉도는 신앙생활을 하면서도 애를 셋이나 낳았고 서로 도우며 그럭저럭 결혼생활을 꾸려가던 저희 부부였는데 31살 때 남편이 호주로 떠났습니다.

　세상적인 성공을 꿈꾸며 한국에서보다 모든 면에서 더 나은 생활을 바라며 떠났지만 1년 정도 되는 짧은 시간에 처참한 실패를 경험해 가진 것을 거의 잃고 한국으로 다시 도망치듯 돌아왔습니다.

　한국에서 재기를 꿈꾸며 원던 사업을 시작했지만 그것마저 망했습니다. 아이들을 챙기고 생계를 꾸려야 했던 저는 세일즈, 공장일, 가리지 않고 할 수 있는 모든 일을 하며 악착같이 생활했고, 그런 모습을 통해 남편도 힘을 냈으면 하는 바람이 있었으나 기본 생활이 안 되니 남편이나 저나 신앙생활이 바로 설 수도 없었고 둘 다 영적 상태가 완전 나락으로 떨어진 상태였습니다.

그러나 그런 상황 속에서 겨우 여유를 내어 시작한 수산물 장사가 생각지도 못한 대박을 쳤습니다. 생각지도 못하게 단시간에 성공을 해 가락시장에서도 알아주던 가게가 되는 바람에 그간의 실패를 모두 만회하고 분점까지 낼 정도로 큰 성공이 제 인생에 찾아왔습니다.

이때의 성공으로 저는 세상적인 성공의 달콤함을 맛봤습니다. 집과 상가 건물, 땅, 그리고 보석까지… 가게는 점점 번창했고 이제는 됐다 싶을 정도로 제가 그동안 축복이라고 생각하던 것들이 쏟아져 들어왔습니다. 그러나 경제적 상황은 나아졌음에도 제 인생의 드리운 먹구름은 여전히 사라지지 않았고 오히려 더욱 깊어졌습니다.

바로 가정 불화가 원인이었는데 저는 당시 이런 성공에 취해 어떤 일이 벌어지고 있는지도 감을 잡고 있지 못했습니다. 주님이 부르는 간절하고 그 크신 음성을 귀가 먹은 장님이라 몰랐지요.

저는 너무나 극심한 스트레스를 받아 중풍에 걸려 몸의 절반을

잘 못 쓰고 말도 잘 못하게 되었습니다. 그리고 가정의 불화로 인해 그동안 쌓았던 모든 금자탑으로 여기던 것들이 죄다 무너지기 시작했습니다.

엎친데 덮친격으로 갑자기 가게에 일들이 생기면서 사업장이 어려워지고 말았습니다.

사실 제가 남편과의 힘겨운 결혼생활을 계속해서 참고 이어왔던 것은 시어머님이 주신 말씀 때문이었습니다. 분가를 하며 시집살이도 없이 편안한 생활을 했지만 시어머니는 종종 저를 불러서 도움이 되는 성경말씀을 많이 적어주셨습니다.

그중에서도 제가 정말 붙잡고 살던 말씀은 잠언 14장 1절이었습니다.

"지혜로운 여인은 자기 집을 세우되 미련한 여인은 자기 손으로 그것을 허느니라."

교회는 그럭저럭 나가고 있었지만 공허한 마음은 늘 따라 다녔습니다. 아직 예수님을 구세주로 영접하지 않은 상태라서 성령도 체험하지 못했던 저는 시어머니가 저를 불러서 말씀을 주실 때마다 '뭘, 자꾸 이런 걸 주시고 그래…'라고 귀찮게 생각하면서도 그 말씀들을 모두 적어놓았습니다. 그리고 잠언 말씀이야말로 그 힘든 결혼생활을 계속 지켜나가며 힘든 상황을 타개할 동아줄 역할을 제 인생에서 하고 있었습니다.

저희 시어머니는 평양신학교 1회 졸업생인 이기풍 목사님에게 성경을 배우시고 종암중앙교회 개척멤버로 한 평생 예수님을 섬기며 오로지 순종만을 하시다 소천하신 분이십니다. 그런 분이 평생 기도 중에 응답 받으신 말씀들을 제게 주셨기 때문에 건성으로 받았지만 저도 모르게 그 말씀들을 의지하며 어려움들을 이겨내며 결혼과 신앙생활을 버텨올 수 있었던 것 같습니다.

그러나 때때로 이런 생각들을 통해 예수님이 알고 싶어지고 신앙생활을 제대로 해보고 싶어져 열심을 내려 해도 남편은 적당히 하라고 저에게 말했습니다. 그렇게 교회를 다니긴 했지만 주님을 알 수는 없는 상황이었고, 그렇게 영적으로 연약한 상태에서 이런 극심한 고난을 당하게 되니 육체적으로도 정신적으로도 버틸 수가 없었습니다.

그렇게 힘들고 어려웠던 저의 삶에는 이제 아무것도 남지 않았습니다. 아니, 오히려 수많은 짐들이 얹혀 있었습니다. 몸은 이미 굳어서 제대로 움직이지도 못할 정도로 건강이 악화되어 있었고 성공으로 벌었던 재산 집, 땅, 건물, 보석까지 안개처럼 사라졌습니다. 오히려 제 명의로 커다란 빚까지 생겼습니다.

그러나 아이러니하게도 이런 비참한 상황을 통해 저는 진짜 하나님을 만나게 되었습니다.

하나님이 누군지도 모르던 제가 남편과 결혼을 하면서 신앙생활을 시작했지만 오히려 진짜 복음을 체험하지 못한 것과 마찬가지로

저는 어려움을 통해 다시 하나님을 찾고 매달리게 되었습니다.

지금 생각해도 참 이상한 일입니다. 남편 때문에 믿게 된 하나님, 그리고 남편 때문에 겪게 된 인생의 고난이라는 연결고리를 생각하면 어려움이 찾아옴과 동시에 교회는 쳐다도 보지 말고 하나님을 부인해야 맞는 것인데 그래도 그 동안의 교회생활이 나름대로 효과가 있던 것인지 어쩐지 '더더욱 하나님께 의지해야 한다', '하나님을 만나야 내가 살 수 있다'는 생각이 들었습니다. 그래서 아픈 몸을 이끌고 천보산 민족기도원에 가서 한달을 살았습니다.

그 당시 저의 상황은 정말로 죽지 못해 산다는 말로밖에 표현이 안 될 정도로 비참했습니다. 경제적으로도 어려웠고 밤마다 남편이 저에게 준 상처와 그간 쌓아놨던 모든 것을 잃었다는 생각에 잠도 제대로 자지 못했습니다.

친지들도 도움이 되지 않았습니다.

온 세상에 나 혼자만 덩그러니 놓여 있는 기분이어서 서럽기가 말할 수 없을 정도였습니다.

최악의 순간에 나를 만나주신 하나님

아픈 몸을 이끌고 그렇게 기도원에서 한 달을 버티는데 살은 살대로 빠지고 말도 잘 안 나왔습니다. 그저 있는 힘을 짜내 그냥 하루 종일 강사님들 말씀 듣고 남는 시간은 죽어라 주님을 부르짖으며 찾았습니다.

그런데 그런 상황에서 말씀이 갑자기 제 안에 들어오는 게 느껴졌습니다.

바디매오에 대해서 말씀하시는 강사 목사님의 설교를 통해 말씀이 제 안에 들어오며 제가 영적으로 눈먼 소경이었다는 깨달음이 왔습니다. 그렇게 눈물을 흘리며 한 달간 주님을 체험하고 또 부르짖으면서 저는 놀라운 회복을 경험했습니다.

밥도 제대로 못 먹어 살이 심하게 빠지고 건강이 안 좋아진 상태에서도 중풍이 거의 회복되어 이전보다 훨씬 몸을 쉽게 움직일 수 있었습니다. 그 전에는 좋은 약도 다 먹어보고 용한 한의원에 가서 침도 맞고 했지만 전혀 차도가 없었는데 오히려 기도원의 열악한 환경 속에서 몸이 치유가 되었습니다.

더불어 예수님을 구세주로 영접해 구원받고 더러운 죄 때문에 간곡히 흘렸던 저의 회개의 눈물을 받아주신 은혜의 주님으로 인해 마음에 평안이 찾아와 불면증이 씻은 듯이 사라졌습니다.

바디매오가 예수님을 찾아 목이 터져라 외쳤던 것처럼 주님을 외쳤더니 주님은 분명히 저를 찾아오셨습니다. 성령님의 임재가 느껴지면서 구원의 확신이 생기고 말씀이 보이기 시작했습니다. 말씀이 보이자 실천하지 않고는 견딜 수 없는 뜨거운 열정도 생겼습니다.

그렇게 영육의 놀라운 치유를 경험한 제가 이제 무슨 일을 할 수

있겠습니까? 오로지 여생은 주님의 일을 하며 살아야겠다는 생각과 함께 어둠과 절망에만 빠져있던 심경에 변화가 찾아왔습니다.

그리고 그 일은 주님께서 가장 기뻐하시는 영혼구원, 즉 전도였습니다. 비록 알거지가 되어 가진 것도 없고 건강도 좋지 못하고 나이까지 많은 어려운 상황이었지만 그럼에도 남은 인생의 방향을 분명히 정하고 흔들리지 않게 단단히 말씀으로 붙들어 맸습니다. 이런 놀라운 감격과 은혜가 있는 신앙생활을 왜 그동안 몰랐을까요. 결혼과 함께 시작한 그 긴 신앙의 여정에는 아무런 감동과 체험과 변화가 없었고 그저 힘든 의무일 뿐이었습니다. 그러나 진짜 주님을 체험하고 나서는 가진 것도 없고 누가 시키지도 않았음에도 저는 그저 최선을 다해 주님을 위해 살아야겠다는 생각과 다짐을 하게 되었습니다. 그리고 교회를 다니는 종교인이 아니라 예수님을 만난 그리스도인이 되어야겠다고, 사람들을 참된 예수님을 만날 수 있게 인도해야겠다고 결심했습니다.

저는 제 인생에서 가장 중요한 이 한 달의 경험을 통해서 바디매오가 만난 예수님을 만났습니다.

"그들이 여리고에 이르렀더니 예수께서 제자들과 허다한 무리와 함께 여리고에서 나가실 때에 디매오의 아들인 맹인 거지 바디매오가 길 가에 앉았다가 나사렛 예수시란 말을 듣고 소리 질러 이르되 다윗의 자손 예수여 나를 불쌍히 여기소서 하거늘 많은 사람이 꾸짖어 잠잠하리 히되 그기 더욱 크게 소리 질러 이르되 다윗의 자손이여 나를 불쌍히 여기소서 하는지라 예수께서 머물러 서서 그를 부르라 하시니 그들이 그 맹인을 부르며 이르되 안심하고 일어나라 그가 너를 부르신다 하매 맹인이 겉옷을 내버리고 뛰어 일어나 예수께 나아오거늘 예수께서 말씀하여 이르시되 네게 무엇을 하여 주기를 원하느냐 맹인이 이르되 선생님이여 보기를 원하나이다 예수께서 이르시되 가라 네 믿음이 너를 구원하였느니라 하시니 그가 곧 보게 되어 예수를 길에서 따르니라"(마가복음 10장 46~52절)

말씀에 나오는 바디매오는 실제 눈이 먼 소경이었지만 저는 영의 눈이 먼 소경이었습니다. 그래서 교회생활을 그렇게 오래하고도 빛되신 주님을 만날 수가 없었습니다. 그러나 모든 걸 잃고 절망 속에 빠져 있던 저의 울부짖음을 예수님은 외면하지 않으셨고 만나주셨습니다. 주님을 만남으로 저의 영의 눈이 떠졌습니다. 저는 바디매오가 만난 예수님을 만났습니다. 예수님은 바디매오와 같은 저를 만나주셨습니다.

또 저는 삭개오가 만난 예수님을 만났습니다.
"예수께서 여리고로 들어가 지나가시더라 삭개오라 이름하는 자가 있으니 세리장이요 또한 부자라 그가 예수께서 어떠한 사람인가 하여 보고자 하되 키가 작고 사람이 많아 할 수 없어 앞으로 달려가서 보기 위하여 돌무화과나무에 올라가니 이는 예수께서 그리로 지나가시게 됨이러라 예수께서 그 곳에 이르사 쳐다 보시고 이르시되 삭개오야 속히 내려오라 내가 오늘 네 집에 유하여야 하겠다 하시니 급히 내

려와 즐거워하며 영접하거늘 뭇 사람이 보고 수군거려 이르되 저가 죄인의 집에 유하러 들어갔도다 하더라 삭개오가 서서 주께 여짜오되 주여 보시옵소서 내 소유의 절반을 가난한 자들에게 주겠사오며 만일 누구의 것을 속여 빼앗은 일이 있으면 네 갑절이나 갚겠나이다 예수께서 이르시되 오늘 구원이 이 집에 이르렀으니 이 사람도 아브라함의 자손임이로다 인자가 온 것은 잃어버린 자를 찾아 구원하려 함이니라"(누가복음 19장 1~10절)

저는 그동안 열심히 쌓은 집, 땅, 보석, 모은 돈 모두를 하루아침에 날려 거지가 되었습니다. 그리고 이 경험을 통해 세상에서의 재물과 명예란 정말 하루아침에 사라지는 안개와 같은 의미없는 것이라는 걸 깨달았고 이후로는 어떤 재물이든지 모두 삭개오처럼 예수님을 위해, 전도를 하는 일에 사용함으로 하늘에 상을 쌓는 사람이 되어야겠다고 다짐했습니다.

예수님을 만나기 전까지 세상의 성공과 평안을 위해서 제가 쌓았던 모든 재산들은 정말로 부질없는 것이었습니다. 그렇게 생각하니 불면증을 가져다 줄 정도로 원통했던 마음들이 모두 사라졌습니다. 제가 잃었던 모든 재산들도 중요한 게 아니었고 당장 지고있는 막대한 빚도 그렇게 심각한 문제가 아니었습니다. 정말로 중요한 문제인 영혼구원의 문제, 그리고 이 세상보다 먼저 생각해야 하는 하나님의 나라와 하나님의 의가 무엇인지 알게 되었기 때문입니다.

또 저는 나아만 장군이 만난 하나님을 만났습니다.

"나아만이 이에 내려가서 하나님의 사람의 말대로 요단 강에 일곱 번 몸을 잠그니 그의 살이 어린 아이의 살 같이 회복되어 깨끗하게 되었더라"(열왕기하 5장 14절)

제 안에 있는 모든 더러운 죄를 하나님 앞에 한 가지씩 회개할수록 저의 건강은 더욱 나아졌습니다. 하나님을 몰랐던 죄, 우상을 섬겼던 죄, 간교 간사한 죄를 비롯한 제 안의 모든 악독한 죄를 하나님께 내어놓고 회개하자 하나님은 저의 병을 나아만 장군처럼 깨끗하게 낫게 하셨습니다.

그리고 주님은 삼손처럼 저에게 한 번의 기회를 더 주셨습니다.

삼손에게는 블레셋 사람들을 쓰러뜨릴 기회를 주셨지만 저에게는 아직 주님을 모르는 영적 소경인 사람들을 빛 가운데로 인도할 기회를 주셨습니다.

그러나 기도원을 내려온 후에 바로 전도를 시작할 수는 없었습니다. 쇠약해진 몸과 마음, 그리고 어려운 경제적인 여건 때문에 사람에게 다가갈 기회나 자신감이 없었기 때문입니다.

다행히 주님을 의지함으로 조금씩 영의 눈이 열려 하나님의 일을 하고자 마음을 먹고 실천을 하면 그에 따른 필요한 것들이 뭐든지 따라온다는 확신이 들었고 담대히 선포함으로 실제로 필요한 조건과 환경들이 이루어졌습니다. 이후에 나오는 저의 전도 이야기들은

전도 2관왕
할머니의
전도법

모두 이렇게 힘든 과정 속에서 역사하시는 하나님을 경험하며 한 고비씩 넘어가며 귀하게 열매 맺은 소중한 영혼들의 이야기입니다.

모진 고난 속에 기도원에서 극적으로 주님을 체험한 저는 하남으로 와 지금까지 다니고 있는 성안교회를 다니게 되었습니다. 아는 사람이 하나도 없는 동네에서 우연히 받은 전도지 하나 보고 찾아간 교회였습니다.

저는 그곳에서 저의 억울한 마음을 주님께 무작정 내어 놓고 매일 교회를 찾아가 목에서 피가 나도록 울며 기도를 했습니다. 또한 저의 이런 삶을 주님께서 세워 주시고 그로 인해 전도하는 사람으로 세워달라고 간구했습니다. 이런 저에게 하나님은 이사야 30장 26절 말씀을 주심으로 새로운 푯대를 삼게 하셨습니다.

"여호와 하나님께서 자기 백성의 상처를 싸매시며 그들의 맞은 자리를 고치시는 날에는 달빛은 햇빛 같겠고 햇빛은 일곱 배가 되어 일곱 날의 빛과 같으리라"

이 말씀을 붙잡으며 사는 도중 저희 교회의 담임 목사님도 '역전의 하나님'이라는 주제로 설교를 하시며 큰 위로와 힘을 주셨는데 그 말씀을 통해 이사야 30장 26절 말씀이 더욱 깨달아졌습니다.

하나님이 제게 주신 말씀과 너무도 기적처럼 들어맞는 목사님의 설교를 통해 지금 제가 가진 것이 없어서 할 수 없는 것이 아니라 제가 가진 것이 없기에 하나님이 하실 수 있는 환경이라는 감동이 왔습니다. 이 말씀이 깨달아지는 순간 그 자리에서 춤을 출 정도로 기쁨이 찾아왔습니다.

기도원에서 나를 만나주신 하나님, 그리고 새로운 비전을 허락하신 하나님으로 저는 뒤늦은 나이에 전도라는 새로운 목표를 찾았습니다. 그 목표를 찾은 뒤에 저는 담대해졌습니다. 전도를 위해 필요한 일이라면 두려움 없이 요구하고 도전했습니다. 그리고 신기하게도 그토록 초라한 한 노인의 인생을 주님께 바치고, 그저 한 영혼이라도 전도하고자 하는 소박한 인생의 목표를 세우자 생각지도 못할 정도로 물적, 인적 상황들이 풀어지기 시작했습니다. 단순히 저에게만 이런 일들이 일어난 것이 아니라 저의 가정, 제가 전도한 사람들에게도 동일한 축복이 일어났습니다.

이 책은 바로 이런 과정 속에서 저라는 부족한 사람을 움직여 사용하신 성령 하나님의 행적입니다. 저의 이런 모습들이 하나님의 뜻이 아니고 말씀에 의거한 것이 아니었다면 분명 하나도 이루어지지 않았을 것입니다. 그러나 하나님은 저의 생각과 기대를 넘어서 역사하셨고 열매를 맺게 하셨습니다. 그렇기에 저는 조금의 망설임이나 의심 없이 저에게 일어났던 이야기들을 이렇게 전달할 수 있었습니다.

하나님은 지금도 저의 삶에 역사하시고 계십니다. 오늘도 전도를

하기 위해 기도하는 저의 마음에 용기와 지혜를 주십니다. 그리고 이런 사역 가운데 넘치는 축복을 부어주십니다. 그 과정 중에서 도저히 일어날 수 없을 것 같던 마음의 평안과 용서의 마음을 주셨습니다.

무작정 전도만을 목표로 인생을 바치며 말씀과 기도에 전념하던 도중 하나님은 남편을 용서하라는 감동을 주셨습니다.

제가 이런 부끄러운 이야기들을 다른 사람들에게 해야 하나를 놓고 큰 고민을 했습니다. 그럼에도 불구하고 하는 것은 제가 얼마나 연약하고 죄 많은 사람인지, 그리고 이런 사람도 예수님이 어떻게 만나주시고 어떻게 사용하시는지에 대해서 많은 분들에게 가감 없이 알려, 예수님의 지상명령인 전도에 한 명이라도 더 많은 성도들이 관심을 갖고 실천하게 응원하고 격려하자는 마음에서 적은 것입니다.

아무쪼록 이 부족한 저의 경험을 통해 한 분이라도 전도에 대한 자신감을 얻고 길 잃은 영혼들을 주님께로 인도하는 최고의 축복을 경험하고 하늘의 상급을 쌓았으면 좋겠습니다.

제2부

예수님 만나게 하기

1. 전도는
실천이다

　　　호주의 프랭크 제너라는 분은 40년 동안 노
방 전도를 한 분입니다. 말 주변도 없어 투박한 말투로 오로지 두 가
지 질문만을 했습니다.

"선생님, 구원 받으셨습니까?",

"오늘 죽으면 천국에 가실 자신이 있으십니까?"

　그러면서 주름이 가득한 손으로 사람들에게 전도지를 나누어줬
습니다. 하지만 살면서 단 한사람의 결실도 직접 확인하지는 못했습
니다. 프랭크 제너는 천국을 가는 그날까지 자신이 전도한 사람을
단 한 명도 보지 못했습니다. 그러나 20여년이 지나고 그 결실이 나
타나기 시작했습니다. 세계 곳곳을 돌아다니며 복음을 전하는 한
부흥사 목사님이 "호주의 거리에서 한 노인을 통해 예수님을 만났

다"는 고백을 하는 여러 사람을 만난 뒤 호기심이 생겨 직접 호주로 날아가 수소문을 했고, 그 사람들이 말하는 노인이 프랭크 제너라는 사실을 알게 되었습니다.

프랭크 제너 씨가 전도를 한 사람이 몇 명인지에 대해서는 정확하게 나와 있지 않습니다. 어떤 조사에서는 약 만 명이 될 것이라고 합니다. 하지만 이 목사님이 세계를 돌아다니면서 프랭크 제너 씨를 통해 변화된 사람들의 이야기를 들었고, 또 이 사실이 퍼진 것처럼 정말 중요한 것은 제너 씨의 전도가 이미 전 세계에 복음의 열매를 맺는 씨앗의 역할을 충분히 했다는 점입니다.

저는 이 이야기가 전도의 본질을 매우 잘 표현하고 있다고 생각합니다. 노방전도, 전도지 나눔, 게다가 직설적인 질문 등 프랭크 제너가 전도할 때 사용한 방법은 당시나 지금이나 효과적인 전도 방법이라고 보기에는 힘듭니다. 그러나 어쨌든 그는 전도라는 예수님의 명령을 실행했고 성령님의 역사하심으로 그 씨앗이 전 세계 곳곳에 놀라운 열매를 맺었습니다.

저는 전도는 무조건 실천이 가장 중요하다고 생각합니다. 전도를 하는 것 자체가 이미 실천이며, 전도를 하기 위해서 행하는 모든 일들도 일단 실천을 해야 의미가 있습니다. 구슬이 서말이어도 꿰어야 보배이듯이 아무리 전도를 하고 싶어 하고 좋은 생각을 가지고 있다 하더라도 말과 행동으로 실행하지 않으면 의미가 없습니다.

저는 하나님의 도우심으로 짧은 기간에 많은 사람을 교회로 인도할 수 있었고, 이런 작은 노력이 인정을 받아 때때로 전도에 관한 간증을 하기도 합니다. 그리고 저의 간증을 듣고 많은 분들이 찾아와 전도에 대해 이야기를 하는데 대부분 "전도가 너무 어려워요", "관계가 깨질까봐 마음이 힘들어요" 등등 전도의 어려움에 대해서 토로합니다. 제가 그런 분들에게 "그런데 전도는 한 번 해보셨어요?"라고 물으면 대부분 대답을 못하십니다.

'전도가 어렵다', '전도를 하면 이렇게 될 것 같다'라고 전도에 대한 안 좋은 생각만 했지 실제로 전도를 하면서 경험한 일은 아니기 때문입니다. 성도인 우리가 하는 전도는 다만 성령님이 역사하시는 통로가 될 뿐입니다. 그러므로 역사하실 성령님을 의지하고 무엇보다 담대하게 실천하는 것이 전도의 가장 중요한 첫 번째 법칙입니다.

제가 앞에서 소개한 저의 첫 번째 전도 역시 모든 것이 엉망진창인 전도였습니다. 교회에 대해서 아무것도 모르고 시집오며 우격다짐으로 나가기 시작한 교회에서 별 뜻도 없이 거리에 나가 "예수 믿으세요! 예수 믿으세요!"를 외쳤습니다. 전도지를 나눠주며 교회에 오라고 초대한 것이 전부였습니다. 그러나 그런 전도를 통해서 열 명이 넘는 사람들이 교회로 찾아왔고 그 중에는 교역자로 하나님께 귀하게 쓰임을 받게 된 사람도 있었습니다. 전도는 왕도가 없습니다. 오로지 *순종*과 *실천*뿐입니다.

기도원을 처음 내려와 그동안 살아왔던 인생의 덧없음을 깨닫고 저는 제 모든 것을 하나님께 바치기로 서원 했습니다. 하나님이 가장 기뻐하시는, 그리고 성도들이 세상에서 할 수 있는 가장 귀한 일인 전도를 위해서 저의 시간과 모든 물질을 사용하겠다고 다짐을 했지만 사실 드리고 싶어도 드릴 게 없는 비참한 상황이었습니다.

특히 전도를 생각할 때는 더욱 그랬습니다. 중풍에 걸렸던 몸이 겨우 회복되어 제대로 다닐 수 있는 건강상태도 아니었고 아무런 연고도 없는 경기도 하남으로 왔기 때문에 아는 사람이나 전도대상자도 없었습니다.

돈도 마찬가지였습니다. 한 때는 남부럽지 않게 살고 성공을 했던 저였지만 당시 3만원 하던 혈압약도 사먹을 형편이 안 되었고 어쩐 일인지 친지들도 별다른 도움을 주지 않았습니다. 얼마든지 전도는 나중으로 미룰 수 있는 상황이었습니다. 그러나 저는 하나님께 제발 전도할 수 있는 기회를 달라고, 그런 환경을 열어달라고 매일 같이 눈물로 기도를 했습니다.

"하나님! 제발 밥값 좀 하게 해주세요, 하나님의 일 좀 하게 해주세요!"

그리고 무작정 나가 조금이라도 연이 닿는 사람들에게 전도를 하기 시작했습니다.

그러나 단 한명도 전도를 할 수가 없었습니다.

성공할 기미조차 보이지 않았습니다. 그 당시만 해도 제가 전도를

많이 하고 이런 책을 쓰게 될 줄은, 그리고 다른 사람들에게 전도에 대해서 간증을 하게 될 줄은 꿈에도 몰랐습니다. 사실 지금도 전혀 실감이 나지 않지만요...

전 단지 도저히 감당할 수 없는 죄인인 저를 용서해주신 하나님께 감사하며 사랑하는 마음으로 되던 안 되던 전도에 목숨을 건다는 생각뿐이었습니다.

지금 생각해보면 당시 전도가 어려웠던 것은 물질적으로 베풀기도 힘들고, 제대로 인도할 줄도 몰랐던 저의 미숙함도 원인이지만 너무 외진 곳에 있었던 교회 건물도 문제였던 것 같습니다.

당시 제가 다니던 교회는 인도도 없고 주변에 상가도 없어서 사람을 데려오기가 너무나 힘들었습니다. 가끔 사람들이 "그런데 그 교회가 어디 있는 거예요?"라고 관심을 보여도 설명을 해주지 못할 정도였습니다. 그러다 얼마 안 되어 교회가 대로변으로 이전을 하게 되었고 그와 함께 그동안 너무나 답답하게 막혀있던 전도의 문도 활짝 열리기 시작했습니다. 교회 위치를 설명할 수도 없는 답답한 상황에서 누구나 쉽게 발견할 수 있는 대로변에 교회가 있으니 전도를 하는 일이 더 수월해지고 즐거워졌습니다. 그리고 그와 동시에 물질적인 어려움이 조금씩 풀리기 시작했습니다.

그동안 전도를 위해 사람들에게 베푸는 일은 지녀들이 조금씩 주는 용돈으로 사용했습니다. 처음에는 그 돈을 전부 사용하지 않고 일부만 사용하고 저축을 해두었지만 자녀들이 어떻게 알고 뭔가 필요할 때마다 손을 벌리면 도와주곤 했습니다. 그러나 그동안의 제 인생의 경험을 통해, 그리고 기도원에서 만난 하나님을 통해 세상의 물질은 오로지 하나님의 나라를 위해서만 사용하겠다는 다짐을 한 저는 앞으로 저에게 들어오는 모든 돈은 하나님을 위해서만 사용하겠다고 마음 먹었습니다.

그래서 하루는 자녀들을 모두 모아놓고 말했습니다.

"이제 너희들도 클만큼 컸고, 나도 나름 그동안은 부모의 도리를 다한 것 같다. 앞으로는 너희를 돕지 않고 나를 위해 살 거야. 너희도 형편에 모두 여유가 있으니 그 정도는 이해하겠지. 그러나 한 가지 알아둘 것은 이제 나는 나를 위해 사는 것이 아니다. 하나님을 위해 살기 위해서야. 나는 앞으로 하나님께 올인 할 거다."

자녀들은 제 이야기가 대수롭지 않게 들렸는지 모두 그러라고 대답했습니다.

사실 제가 뭐 돈을 모아서 도움을 줘봤자 얼마나 줬겠습니까?

그러나 저도 부모로써 작은 돈이나마 자녀들을 위해 사용할 때는 나름의 행복을 느꼈기에 조금은 아쉬웠으나 지금은 더 중요한 일을 위해 사용해야 할 때라는 생각이 들었습니다.

그렇게 얼마 안 되는 돈을 조금씩 전부 하나님을 위해 사용하고

있을 때 더 좋은 기회가 찾아왔습니다.

하루는 장사를 하는 딸이 찾아와 일을 하느라 정신이 없으니 애를 좀 봐달라고 부탁했습니다. 처음에는 애를 보면 신경도 많이 써야하고 시간도 없으니 전도에 방해가 될 것 같아서 단숨에 거절하려고 했습니다. 그러다 문득 애를 봐주는 게 전도에 더 도움이 될 수 있을 것이라는 생각이 들었습니다.

'잠깐, 애를 봐주고 돈을 좀 받으면 더 효율적으로 베풀면서 전도를 할 수 있지 않을까?'

그렇게 생각이 들어 먼저 딸의 생각을 떠보는 질문을 했습니다. 지금 생각해도 무슨 배짱이 있어 그렇게 물었는지 잘 모르겠습니다.

"그래, 좋아. 그런데 내가 애를 봐주면… 만약 나중에 네가 10억을 벌면 1억을 나한테 줄 수 있어?"

"아유, 엄마도 참. 10억을 버는데 1억이 문제야? 아멘, 아멘!"

그냥 장난인 줄 알았는지, 아니면 진짜 10억을 벌 일이 있을리없다고 생각했는지 모르겠지만 딸아이는 너무나 흔쾌히 대답했습니다. 그러나 저는 만약 하나님이 허락만 하시면 전도의 문을 열어주려고 정말로 딸을 축복하실 수도 있다는 생각에 사위에게도 확답을 받기 위해 연락을 한 뒤 찾아가 단 둘이 차를 타고 당시 마을에 있던 개천가에 차를 대고 딸아이한테 물었던 것과 똑같은 질문을 했습니다.

"내가 자네 아이를 봐주면 나중에 자네가 10억을 벌면 나한테 1억을 줄 수 있겠는가?"

그런데 즉시 아멘으로 화답하던 딸과는 달리 사위는 조금 머뭇거리며 대뜸 "장모님… 저희 그렇게는 못 벌 텐데요?"라고 우물쭈물 거렸습니다. 그래도 제가 계속 다그치자 아내한테 물어봐야 한다고 대답을 했습니다. 우리 딸은 이미 주기로 약속을 했다는 저의 말에도 사위는 대답을 망설였습니다. 제 말을 조금 장난같이 생각했던 딸과는 달리 사위는 진지하게 받아들였던 것 같습니다.

그렇게 10분 정도의 시간이 흘렀지만 저에겐 1시간 정도의 긴 시간 같았는데 사위는 대답을 하지 않았고, 저도 대답을 듣기 전까지는 차를 움직이지 않으리라 마음을 먹었습니다. 물론 당시 사위는 대학을 졸업한지 얼마 안 돼 돈에 대한 부담이 더 큰상황이라 이해는 되었지만 그래도 양보할 수 없었습니다. 결국 사위는 안 되겠다 싶었는지 마지못해 드리겠다고 대답을 했고, 저는 '이제 됐다!'는 생각으로 집으로 돌아왔습니다.

그리고 그날부터 딸아이 가게가 잘되게 해달라고 매일 새벽기도를 다니면서 열심히 열심히 기도를 했습니다. 딸아이 가게가 잘 돼야 돈을 많이 벌 테고 그래야 저도 돈을 많이 받아 전도에 사용할 수가 있으니 당연한 일이었습니다.

그런데 정말로 하나님은 역사하시는 하나님이었습니다.

미사리에 있는 딸의 가게는 자리가 좋지도 않았는데 저와 약속을 한 그날부터 장사가 점점 잘되어 사람이 몰려들기 시작했습니다.

저는 드디어 기회가 왔다 싶어 딸을 불러 전에 약속했던 내용을 언급하며 아이를 봐주는 돈을 한 명당 백만 원 정도를 달라고 요구했습니다. 한 달에 백만 원씩 1년을 받아도 천만 원 남짓, 10년을 받아야 1억이니 지금처럼 돈을 많이 벌 때 이정도 요구를 하는 것은 매우 합당하다고 생각을 했습니다. 그리고 그 정도는 받아야, 아니 사실 더 있어야 아이를 키우면서 전도를 수월하게 하겠다는 생각이 들었습니다.

그러나 딸아이의 아멘으로 대답하던 모습은 온데간데없이 사라지고 그렇게 많은 돈은 절대 줄 수 없고 용돈 정도면 줄 수 있겠다고 고집을 피웠습니다. 저는 저도 모르게 화가 나서 그만 상소리를 섞어 화를 내고 말았습니다.

"그래, 이년아! (욕이죠?ㅎ 그런데 저와 딸 사이에 통하는 애칭이니 이해 바랍니다) 내가 그동안 키워주고 아이까지 봐줬는데, 그래 준다고 했던 돈을 그것도 못준다 그래? 에라이, 잘 먹고 잘살아라!"

그런데 제가 '빽' 하고 소리를 지르는 동시에 딸의 팔이 마비가 되어 움직이지 않았습니다. 옆에 있던 사위가 놀라 딸을 데리고 바로 한의원으로 달려갔습니다. 그리고 한의원에서 오래 침을 맞으면서 겨우 회복이 되었습니다. 저는 속으로 '뭐, 이런 일이 다 있나?' 싶으면서도 시간이 조금 지나자 한풀 화가 꺾이며 '그래도 준다던 용돈이라도 받아야지'라고 생각을 하고 있었습니다. 그런데 딸이 갑자기 나타나 이상한 계약서 같은 것을 내밀었습니다.

"이게 뭐니?"

"엄마, 여기 사인해. 매달 아이 한 명당 보육비를 준다는 내용의 계약서야."

그렇게 고집을 피우며 용돈 정도 밖에 못 준다던 딸이 대뜸 먼저 찾아와 처음 요구한 금액에 얼추 맞춰 주겠다며 계약서를 내미니 저는 이게 도대체 뭔 일인가 싶으면서도 내심 신기했고, 또 재밌었습니다. 제가 계약서에 사인을 하는 순간 딸은 작은 목소리로 "휴… 다행이다. 이제 살았다."라고 혼잣말을 했습니다.

나중에 사정을 알고 보니 팔이 마비된 그날부터 밤마다 딸한테 어머니한테 그러면 안 된다는 말과 같은 환청이 들렸다고 합니다. 이 이상한 소리들이 계속 들려 잠을 못 잤는데, 하루는 인천에서 물건을 받아와 좀 쉬려는데 유난히 몸이 덜덜 떨리면서 진정이 되지 않았다고 합니다.

당시 저는 그런 딸의 모습을 지나가다 보고 몸 상태가 안 좋은 줄 알고 딸을 안고 기도를 해줬는데 신기하게 그때부터 몸이 진정이 되고 잠을 푹 잘 수 있었다고 합니다. 그리고 이런 여러 가지 현상들이 딸에게는 저의 요청을 들어주라는 일종의 사인이자 강권으로 느껴졌던 것입니다.

사정을 알고 보니 제가 봐도 정말로 그런 것 같았습니다. 물론 이런 이야기를 터무니없다고 생각하시는 분도 계실 줄 압니다. 전도 욕심에 딸에게 돈을 뜯어가려는 나쁜 애미의 모습으로 받아들이실지 모르겠습니다.

그러나 저는 신앙은 일종의 실천학이라고 생각합니다.

제가 딸에게 그렇게 요구를 한 것이 잘못된 것이면 하나님께서 응답을 해주지 않으실 것이고, 만약 제가 딸에게 그렇게 요구를 한 것이 합당한 것이면 하나님께서 "합력하여 선을 이루게 해주신다"는 로마서 8장 28절 말씀처럼 축복해주실 것이라는 신앙 자세와 믿음을 저는 갖고 있었습니다.

그리고 하나님은 딸에게 즉각적으로 반응이 오게 역사하셨습니다. 때문에 저는 조금 더 여유롭게 전도를 위해 물질을 사용할 수 있었고, 다행히 저에게 약속한 돈을 주기로 한 뒤에 딸의 장사는 더욱 잘되어 들어오는 돈을 걷잡을 수 없을 정도였습니다. 이런 체험을 통해 이제는 딸도 오히려 저에게 주는 돈을 아까워하지 않고 교회를 위해서도 돈을 아까워하지 않고 헌신을 하는 믿음을 갖게 되었으니 정말로 감사한 일이 아닐 수 없습니다.

이처럼 하나님은 저같이 연약한 영혼을 통해서도 이런 일을 이루시는 분입니다. 다만 하나님의 말씀을 따라 순종하고자 한다면, 그 말씀을 따라 전도하고자 하는 마음을 먹고 곧 실천을 한다면 하나님은 여러 가지 모양으로 역사하시어 길을 열어주십니다. 그런고로 저는 전도에서 가장 중요한 것은 실천이라고, 곧 당장 전도를 실천하시라고 거듭 간곡히 말씀드리고 싶습니다. 작은 결심, 작은 변화, 작은 실천이 한 영혼을 천국으로 인도하는 놀라운 구원의 방법이 되기도 합니다.

이미 말했듯이 저는 하남에 아무런 연고도 없습니다. 여기에 애를 보는 상황이니 어디서 전도를 하겠습니까? 그러나 생각을 해보면 곧 제가 가는 어디나가 전도 장소였습니다.

그래서 저는 손주들을 데려다주는 학교에서, 학원에서 전도를 하기 시작했습니다. 오며 가며 만나는 학부모들과 인사를 하며 안부를 물었고, 집에서 만든 음식과 작은 선물을 주며 진심으로 사랑을 전했습니다.

손주 또래의 친구들과도 친해지며 학부모들을 전도했습니다. 아마 처음에는 시어머니같은 저를 달갑게 생각하지 않았을 것입니다. 그래도 반찬거리를 사는 장터에서, 상가에서 필요도 없는 물건들을 사며 사장님들을, 종업원들을 전도했습니다. 전도를 목적으로 구입한 물건들은 전도대상자들 중에 필요한 사람들에게 줄 수 있었습니다.

장을 보러 다니면서도, 시시때때로 마주치는 아파트 주민들도 저에게는 유력한 전도대상자였습니다. 그렇게 사람들을 만나며 필요한

일을 즉각 즉각 실천하다 보니 어느새 한 명 두 명 전도가 되기 시작했고, 그 전도한 사람들의 가족과 지인들까지도 제 발로 교회를 찾아오게 되었습니다.

한 번은 손녀를 데리고 교회여름성경학교를 가는 중이었습니다.

날이 너무 무덥고 성경학교 시간에도 살짝 늦어 급하게 손녀를 데리고 길을 가는데 옆집 아파트에 사는 부부를 만나게 되었습니다.

반갑게 인사를 하고 지나가려는다가 아무리 급해도 전도는 해야겠다 싶어서 갑자기 "교회 다니세요?"라고 물었습니다. 그런데 의외의 이야기가 나왔습니다. 다른 곳에서 이사를 온 뒤에 마땅한 교회를 아직 못 찾아 꽤 오래 교회생활을 못하고 있다고 했습니다.

저는 곧바로 약속을 잡고 일단 교회로 가 손녀를 성경학교에 보내고 전도사님에게 사정을 설명한 뒤에 주보를 받아 곧바로 그 집을 찾아갔습니다. 저의 적극적인 모습에 그 부부는 우리교회에 등록을 했고 그것도 애를 셋이나 데리고 나왔습니다.

그리고 이와 똑같은 방법으로 아파트 위층에 있는 집안도 전도를 했습니다. 이미 전도를 위해 아파트의 여러 집과 친분을 쌓아놨고, 또 기미가 보이면 바로 전도를 하며 교역자와 연결을 해주었기 때문에 즉각적으로 반응이 올 수 있었던 것 같습니다.

저는 언제나 즉각 실천했습니다. 망설이지 않았습니다. 사람들에게 복음을 전하는 일도 그러했고, 복음을 전하기 위해 필요한 일도 마찬가지였습니다.

　제가 손주들을 봐주며 주로 많이 만나는 사람들은 손주 친구 또래의 자녀를 가진 젊은 학부모들이었습니다. 그 사람들을 만나고 함께 친해지려고 하니 아무래도 여러모로 걸리는 것이 많았습니다.

　한 번은 손주들을 안아주려는데 갑자기 아이들이 "할머니, 냄새 나서 싫어!"이러고 도망을 갔습니다.

　'내가 벌써 나이가 이렇게 들었나, 아니 그래도 내가 할머닌데 어떻게...'

　이런 생각이 들어 며칠 동안 마음이 매우 힘들었는데 이 생각이 곧 '아, 내가 전도하려고 만나는 아기 엄마들도 나한테 이런 생각이 들 수 있겠구나!' 라는 걱정으로 연결되었습니다.

　그날부터 화장과 향수에 더 신경을 쓰기 시작했는데, 특히 향수는 백화점으로 가서 직접 향을 맡아 보니 'C' 라는 제품이 가장 좋아서 지금까지 쓰고 있습니다.

　그런데 향수를 쓴 다음에 슬쩍 손주들에게 접근을 해봤는데 손녀인 보명이가 "와, 할머니! 우리 원장 선생님한테서 나는 냄새가 나서 좋아."라며 달려와 안겼습니다. 보명이네 원장선생님은 매우 젊고 예쁜 선생님이라 매우 기분이 좋았고, 자신감이 생겨 이후에 젊은 엄마들을 만나 전도할 때도 당당할 수 있었습니다.

　비슷한 이유로 전도 대상자들에게 안부도 스마트폰을 사용해 카

카오톡으로 묻습니다. 나이 많다고 문자나 전화로 일일이 하면 답장도 잘 오지 않고 귀찮아하기 때문에 최대한 요즘 시대의 방식에 나를 맞추려고 합니다. 그래야 전도가 쉽기 때문입니다.

물론 비싼 향수라 부담이 됩니다. 그리고 이 나이에 스마트폰 배워서 일일이 터치해가며 자판 누르는 것도 결코 쉬운 일은 아닙니다. 그러나 그 일을 통해 대상자들과 소통할 수 있고 마음을 전할 수 있다면 이보다 더 돈이 많이 들고 힘든 일도 얼마든지 해야 합니다.

저에게 전도의 열매가 많은 이유가 있다면 그것은 단 하나, 더 많이 실천한다는 것입니다. 그러나 그것은 저의 실천일 뿐 아니라 하나님의 실천이기도 합니다. 이제와 돌아보니 제가 한 것은 진심으로 사랑을 전한 것 뿐 모든 것은 하나님이 하신 것이었습니다.

"나는 심었고 아볼로는 물을 주었으되 오직 하나님께서 자라나게 하셨나니 그런즉 심는 이나 물 주는 이는 아무 것도 아니로되 오직 자라게 하시는 이는 하나님뿐이니라 심는 이와 물 주는 이는 한가지이나 각각 자기가 일한 대로 자기의 상을 받으리라"(고린도전서 3장 3~6절)

우리 손주 용석이를 통해 알게 된 한 자매가 있었습니다.

용석이 친구 엄마를 먼저 알게 되고 나중에 동생인 이모를 알게 됐는데, 과외로 독서와 체스를 가르치는 선생님이었습니다.

손주를 데려다주며 몇 번 보게 되어 슬슬 말을 트게 됐는데 얼핏 보니 교회에 관심이 있는 것 같았습니다. 그러나 제가 은근히 교회에 가자고 말을 건네면 단호하게 "아니오"라고 잘라 거절했습니다.

평소 이것저것 챙겨주며 공을 들였던 터라 내심 아쉬웠지만 그래도 포기하지 않고 전도를 위한 노력을 이어나갔습니다.

나중에 사정을 알고 보니 용석이 친구의 엄마인 언니는 남편이 다니던 회사에서 명예퇴직을 하고 새로 시작할 사업을 구상중인 터라 마음이 많이 힘든 상태였습니다. 용석이 친구의 이모인 동생은 남편이 경찰인데 중요한 승진 시험을 앞두고 있었습니다.

그 순간 전도보다는 두 자매의 마음이 많이 힘들겠다는 측은한 생각이 들어서 고기라도 먹고 힘냈으면 하는 마음에 정육점에 들러 좋은 한우를 두 근씩 사서 보냈습니다.

"요새 힘들지? 많은 건 아니지만 한우로 조금 샀어. 집에가서 아이들 반찬이라도 해먹여."

"아유, 뭘 이런 걸 주세요… 집에 반찬 있어요. 괜찮아요."

"그러지 말고 그냥 받아. 내가 일부러 생각나서 산거야. 정성이라고 생각하고 그냥 받아줘, 응?"

극구 사양하며 받지 않으려고 했던 걸 억지로 손에 들리고 돌아와 몇 주 뒤에 다시 한우를 똑같이 두 근씩 샀고, 아이들 먹을 과자까지 가득 사서 보냈는데 갑자기 저한테 연락이 왔습니다.

"어, 그래, 그때 받은 고기랑 과자는 애들 잘 먹었어?"

"네, 정말 감사해요. 저, 그런데..."

"왜 그래? 무슨 일 있어?"

"그게 아니고요… 저 실은 교회를 좀 나가볼까 하는데..."

이게 웬일인가 싶어 기쁜 마음에 냉큼 교회로 모셔왔는데 교회에 온 첫날 목사님 설교를 듣고는 눈물을 폭포수처럼 흘리기 시작했습니다. 저도 교회를 나름 오래 다니면서 전도를 꽤 해봤지만 그런 광경은 정말 처음 보는 것이었습니다. 그리고는 예배가 끝나고 둘 다 교회에 등록을 해 우리교회 교인이 되었습니다.

그래서 제가 물었습니다.

"혹시 전에 교회 다닌 적 있어?"

"아니요. 완전 처음이에요."

"아니, 그런데 그렇게 펑펑 울었어?"

"제가 생각해도 너무 웃기죠 뭐예요. 그런데 이상하게 교회에 오니 마음이 푸근하고 너무 좋아서요."

저는 이날 이들의 모습을 통해 성령님의 역사하심을 보았습니다. 성령님이 역사하시면 모든 것은 한 방에 끝납니다. 그러므로 우리는 전도를 할 때 모든 것을 성령님께 맡기고 다만 나의 할 일을 최선을 다해 낙심하지 않고 하면 됩니다.

이 두 자매는 계속해서 교회를 빠지지 않고 꼬박꼬박 나옵니다. 목사님 말씀을 들으면 지금도 눈물이 난다고 해 예배에 방해가 되지 않게 하려고 일부러 뒷자리에 앉는데 그 모습과 마음이 얼마나

귀하고 아름다운지 모릅니다. 그렇게 교회에 나오고 다행히 남편 일
도 잘 풀려서 지금은 서울 강남 지역에 식당을 개업했는데 점심시간
에 빈자리가 없을 정도로 사람들이 많이 찾고 있습니다.

씨를 뿌리기만 하면 거두시는 분은 하나님이십니다.
나이와 학력, 장소에 상관없이 누구든지 씨를 뿌리기만 하면 하나
님이 거두십니다.
지금은 이렇게 말은 하지만 저도 처음엔 복음을 전하고, 교회에
오라고 초청하는 일이 정말로 힘들고 두려웠습니다. 그래서 에베소
서 6장 10절부터 20절 말씀을 수백 번 읽으며 용기를 달라고 주님
께 기도했습니다.

"끝으로 너희가 주 안에서와 그 힘의 능력으로 강건하여지고 마귀의 간계를 능히
대적하기 위하여 하나님의 전신 갑주를 입으라 우리의 씨름은 혈과 육을 상대하는
것이 아니요 통치자들과 권세들과 이 어둠의 세상 주관자들과 하늘에 있는 악의 영
들을 상대함이라 그러므로 하나님의 전신 갑주를 취하라 이는 악한 날에 너희가 능
히 대적하고 모든 일을 행한 후에 서기 위함이라 그런즉 서서 진리로 너희 허리 띠를
띠고 의의 호심경을 붙이고 평안의 복음이 준비한 것으로 신을 신고 모든 것 위에
믿음의 방패를 가지고 이로써 능히 악한 자의 모든 불화살을 소멸하고 구원의 투구
와 성령의 검 곧 하나님의 말씀을 가지라 모든 기도와 간구를 하되 항상 성령 안에
서 기도하고 이를 위하여 깨어 구하기를 항상 힘쓰며 여러 성도를 위하여 구하라 또
나를 위하여 구할 것은 내게 말씀을 주사 나로 입을 열어 복음의 비밀을 담대히 알

리게 하옵소서 할 것이니 이 일을 위하여 내가 쇠사슬에 매인 사신이 된 것은 나로 이 일에 당연히 할 말을 담대히 하게 하려 하심이라."

신기하게도 이 말씀을 읽으면 읽을수록 마음이 담대해지면서 두려움이 사라졌습니다. 그리고 전도를 직접하며 한 두 명씩 결실이 맺히며 조금씩 두려움이 사라지기 시작했습니다. 제가 가장 중요한 전도의 비결로 실천을 꼽는 것과 지겨울 정도로 계속해서 실천의 중요성을 강조하는 것은 정말로 다른 방법이 없기 때문입니다. 또한 실천만 하면 나머지는 하나님이 책임져 주시기 때문입니다.

저는 예배시간에도 성령님의 감동에 즉각적으로 반응합니다.

한 번은 목사님께서 예배시간에 같은 좌석에 앉아있는 제일 연장자가 나머지 사람들에게 밥을 사주라고 권유를 하셨습니다.

같은 줄에 누가 앉아 있나 가만 보니 저 말고는 모두 청년뿐이었습니다. 청년들이 내심 저를 불편해하지 않을까 싶었으나 제가 밥을 사겠다는 말에 다행히 모두 따라오겠다고 했습니다.

청년들 스타일에 맞춰서 햄버거를 먹으러 가서 허심탄회하게 얘기를 했는데 전혀 뜻밖의 이야기를 들을 수 있었습니다.

청년들 모두가 제가 예배시간에 자유롭게 하나님께 반응하는 모습을 보고 큰 감동을 받았으며 또 나이가 많음에도 열심히 전도하는 모습을 통해 많은 용기를 얻었다고 입을 모았습니다.

나 같은 노인을 싫어하면 어쩌나 걱정만 하던 저에게 감사하게도 청년들이 큰 위로를 주었습니다. 저는 이 경험을 통해 노인이라는 테두리에 스스로를 가두지 말자고 다짐을 했습니다. 노인이기에 청년과 함께 호흡하지 못할 이유가 없고 전도로 본을 보이지 못할 이유가 없었습니다. 그리고 오히려 노인이기에 젊은 청년들에게도 더 큰 용기를 주며 본을 보일 수가 있었습니다.

전도에는 불가능이 없습니다.

전도는 하나님이 하시는 일이고, 하나님께는 불가능한 일이 없기 때문입니다. 우리가 스스로의 생각으로 가능성을 제한하지만 않는다면 하나님께서는 무궁무진한 방법으로 우리를 영혼구원의 도구로 사용하십니다.

저는 우리들이 무엇보다도 전도를 실천하는 사람이 되었으면 합니다.

저는 전도에 대해 공부한 적도 없고 아는 것도 없습니다. 다만 기도원에서 하나님을 만났고 저의 죄를 회개하며 그 사랑에 완전히 빠져 모든 인생을 하나님께 올인했습니다. 그처럼 우리를 사랑하시는 하나님의 사랑을 빨리 한 명이라도 더 많은 사람들에게 전하고자 하는 열망으로 무작정 실천을 하다 보니 여기까지 오게 된 것입니다. 그래서 저는 제가 그동안 전도한 사람들의 많은 간증보다, 그리고 그 어떤 비결보다 먼저 실천에 대해서 강조하며 말씀을 드리고 있습니다.

저는 열 명의 전도자가 있다면 서로 다른 열 가지의 전도 비결과 열 가지의 간증이 있어야 한다고 생각을 합니다. 그동안 제가 전도를 실천하며 경험한 실제 전도 사례들을 통해 각자의 영역에서 전도를 하는 데에 좋은 밑거름이 됐으면 하는 바람입니다.

아울러 먼저 어떤 특정한 방법이나 이론을 배우기 위해 노력하기보다는 지금 당장이라도 단 한 명에게 먼저 전도를 위한 베풂과 나눔을 시작했으면 좋겠습니다. 실천하는 전도를 위해 제가 사용하는 방법입니다.

1. 먼저 분명한 전도대상자 한 명을 정한다.

전도는 한 명이 어렵지, 한 명만 일단 성공하면 그 다음부터는 스스로 재미를 알아 누가 시키지 않아도 하게 됩니다. 그러니 전도를 어렵거나 너무 광범위한 행동으로 생각하지 말고 일단 나와 제일 가까운, 혹은 친한 사람 딱 한 명만 전도한다는 생각으로 시작하십시오. 그리고 두려움이 생길 때마다 예수님이 우리에게 부탁하신 전도라는 사명과 담대한 용기를 허락하신 말씀을 떠올리며 마음을 다잡으십시오.

2. 부정적인 생각을 버린다.

'~~해서 어떡하지?'라는 생각은 사실 일어나지 않은 일에 대한 걱정입니다. 설령 걱정한 일이 그대로 일어난다고 해도 막상 닥쳐보면 생각보다 극복하기 훨씬 쉽습니다. 정상적인 방식으로 전도를 한다면 전도 때문에 관계가 깨진다거나 의가 상할 일은 절대로 없습니다. 오히려 처음부터 전도라는 목적을 세우고 만나기 때문에 몇 번이고 쉽게 교회로 초청 요청을 할 수 있습니다. 일어나지 않을 일에 대한 걱정은 잠시 접어두고 먼저 부딪치십시오.

3. 전도를 위해 필요한 기도제목을 세운다.

"먼저 그 나라와 그 의를 구하면 모든 것을 우리에게 더하신다"(마태복음 6장 33절 참조)고 예수님은 분명히 말씀하셨습니다. 전도를 하기 위해 필요한 것이 있다면 무엇이든지 주님께 구하십시오. 분명히 풍성하게 응답하실 것입니다. 아울러 전도대상자의 영혼과 그 영혼을 잘 인도할 수 있도록 지혜를 허락해 달라는 기도도 반드시 필요합니다.

2. 전도는
베풂이다

런던 동부의 한 지역에서 40년 가까이 목회를 하던 렉스 목사님이라는 분이 계셨습니다.

목사님은 마을의 노인이 오랜기간동안 몸이 안 좋다는 소식을 듣고는 안부를 물으러 찾아갔습니다. 그러나 기독교를 무척이나 싫어하던 노인은 방 안에 들어온 목사님을 보고도 이불 속에 누워만 있었습니다.

목사님은 잠시 집안을 둘러보다가 꺼진 벽난로와 휑한 주방을 보고는 교회로 돌아가는 길에 정육점에 들려서 고기 두 근을 노인의 집에 배달해달라고 부탁했습니다.

그리고 며칠 뒤에 다시 노인의 집을 찾아 갔는데 노인은 몸을 살짝 일으켜 약간의 대화를 나누었습니다. 고기가 효과가 있다고 생각한 목사님은 돌아가는 길에 다시 고기를 주문을 했고, 땔감도 좀 보냈습니다.

그렇게 선물을 주문할 때보다 점점 노인의 자세는 달라졌고, 몇 번의 심방 뒤에 목사님은 짧게나마 복음을 전하고 노인을 위한 축복 기도를 함께 드릴 수가 있었습니다.

그러다가 목사님이 다른 지역에 일이 생긴 목사님이 사흘 동안 볼 일을 보고 돌아왔는데 평소 찾아가던 노인은 갑자기 병세가 나빠져 세상을 떠났다는 것을 알게 되었습니다. 노인은 숨을 거두기 전 곁에 있던 마을 사람에게 다음과 같은 유언을 남겼습니다.

"렉스 목사님에게 이 말을 꼭 좀 전해주십시오. 저는 이제 하늘나라로 갑니다. 목사님이 전해준 복음을 듣고 기도를 통해 예수님을 구세주로 영접했습니다. 그러나 한 가지 아셔야할 것이 있습니다. 제 꽁꽁 언 마음을 녹였던 것은 목사님의 설교가 아니라 고기였습니다. 그동안 저에게 말씀을 전한 사람은 많았지만 실제로 무언가를 베푼 사람은 단 한 명도 없었습니다."

예수님을 믿는 사람에게는 예수님만으로 만족이 있으며 말씀으로 모든 것이 충분합니다. 그러나 예수님을 믿지 않는 사람들은 그렇지 않습니다. 하나님의 나라와 하나님의 의를 구하는 것이 아니라 세상의 것에 관심이 많기 때문입니다.

하늘의 것에 관심이 없는 사람들에게 영생의 복음을 전하기 위해서는 눈높이를 잠시 낮추어 세상의 시선으로 바라보고 생각해야 합니다. 옳은 말, 맞는 말을 따질 것이 아니라 먼저 진실된 마음으로 사랑을 전할 수 있는 선물을 베풀어야 합니다. 그래서 위의 이야기에 나오는 노인에게 진리로 복음을 전한 많은 사람들은 거의 실패했지만 고기를 들고 찾아간 렉스 목사님은 한 영혼을 주님께 인도할 수 있었습니다.

지금까지 저는 전도에서 가장 중요한 것은 실천이라고 강조했습니다. 그리고 그 실천의 가장 효과적이고 또 우선적이어야 하는 방법이 바로 베풂이라고 생각합니다. 남에게 잘 베풀 줄만 알아도 전도는 이미 거의 성공한 것이나 다름없습니다.

제가 사는 동네에 재래시장에서 새로 반찬가게를 여는 아기 엄마가 있었습니다. 인사만 가끔 할 뿐 친한 사이는 아니었는데, 개업을 하는 기회로 친해져 전도를 하기로 마음먹었습니다. 그래서 가게 오픈일에 맞추어 화환을 보내려는데 문득 이런 생각이 들었습니다.

'비싸기만 하고 쓸데없는 화환보다 좀 더 실용적인 것이 좋지 않을까?'

아무래도 반찬가게다 보니 직접 만들 수 있는 재료 같은 것이 더 생산적이고 좋을 것 같아서 여기저기 수소문 해서 오징어를 최고좋은 걸로 풍족하게 시서 보냈습니다. 그걸로 반찬을 만들이 필면

이익도 볼 수 있고 좋을 것 같았습니다.

그런데 제가 보내려고 산 오징어를 보고 누가 저한테 이런 말을 하더군요.

"미쳤어요? 잘 알지도 못하는 사람한테 이렇게 좋은 걸 갖다 바치게?"

네, 사실 그 사람 말이 맞습니다.

저는 미친 사람입니다. 예수님에 미친 사람이고 복음에 미친 사람입니다. 그래도 이렇게 선물을 하면 받은 사람이 감동을 받고 조금씩 마음 문을 여는 것을 경험했기에 아깝지 않았습니다. 또 한번은 성지순례를 가서 구입한 향수와 고급 비누를 챙겨줬습니다. 별 말을 하지도 않았는데 선물을 받으며 뚝뚝 눈물을 흘리더군요.

그리고 "이번 추수감사주일에 교회에 한 사람을 인도해야하는데 한 번 와줄 수 있어?"라고 넌지시 물었더니 흔쾌히 오겠다고 대답했습니다. 그리고 갑자기 저보고 "할머니, 잠시만 기다리세요" 하더니 안으로 들어갔다가 필기도구를 가지고 나왔습니다.

"저요, 이번 주 교회 가려면 어떡해야 되요? 뭐, 뭐 챙겨가야 하죠?"

교회에 와준다는 것만으로 기쁜데 이렇게까지 적극적으로 물어보니 너무나 행복했고, 또 아기엄마가 세상 그 어떤 보화보다 귀해보였습니다. 우리 주님도 마찬가지셨겠지요.

"성경책만 가져오면 돼. 아니, 아니야. 성경책은 내가 준비할 게 그냥 늦지만 말고 약속한 시간에만 나와, 알았지?"

그렇게 교회 나온 아기 엄마는 예수님을 영접했고, 지금은 애를 3명이나 데리고 열심히 교회를 나옵니다. 그런데 알고 보니 이 전도가 그냥 보통 전도가 아니었습니다.

아기 엄마의 시어머니는 엄청난 재력가로 통일교 교인이었는데 하루는 아기 엄마를 불러 3억이 든 통장을 직접 보여주면서 그 교회 가지 말고 통일교로 나오기만 하면 당장 돈을 주겠다고 했는데, 그 유혹을 단호하게 뿌리쳤습니다.

성공한 전도였습니다. 제 입장에서 아무리 베풀고 섬긴다 해도 3억에 비하면 새발의 피일텐데… 무엇이 그리도 마음을 감동시켰는지… 아기 엄마는 3억을 포기하고 통일교를 믿지 않고 주님 안으로 왔습니다.

사정을 알수록 아기 엄마의 믿음이 정말로 대단했습니다.

원래 하남의 유지로 남부럽지 않게 떵떵거리며 살았는데 남편의 주식 실패로 그만 모든 것을 잃고 생계를 위해 반찬가게를 해야 할 정도로 형편이 어려워 진 상황이었습니다. 그런 상황에서 3억이란 돈은 정말로 몇 배의 가치가 있는 훨씬 큰 금액으로 여겨졌을 텐데요....

제가 만약 이기 엄마의 이런 사정을 미리 일고 있었다면 부끄러워서 오징어를 보낼 수 없었을겁니다. 아마 비누와 향수를 건네주며 교회에 가자고 말 할 생각은 꿈도 못 꿨을 것입니다. 그러니 정말로 역사하시는 분은 성령이십니다. 우리는 그저 최선을 다해 베풀고 전도를 실천하면 될 뿐입니다.

저는 이 경험으로부터 아무리 작은 것이라도 성심껏 베풀면 그 선물이 무엇이든지 크던 작던 상관없이 천금의 가치를 가진다는 것을 배웠습니다. 전도를 위해 베푸는 것은 단순히 물질적인 가치를 넘어 진심이 있는 사랑을 전하는 매개체가 되어야 합니다. 제 아무리 억만금을 준다 해도 그 안에 진심이 있는 사랑이 담겨 있지 않는다면 믿지 않는 사람들의 마음을 움직일 수 없습니다. 그저 돈 낭비, 시간 낭비이며 이용만 당할 뿐입니다. 세상사람들은 우리가 말하는 사랑이 진심인지, 아니면 립서비스인지를 잘 구분합니다.

전도에 꼭 많은 돈이 필요한 건 아닙니다.
제가 누차 강조 했듯이 정말로 중요한 건 사랑이 전해질 수 있는 진심입니다. 저야 하나님께서 상황을 잘 풀어주셨고, 또 변변한 재주가 없어 약간의 물량공세로 전도를 하고 있지만 제가 직접 경험해보니 정말로 사람의 마음을 움직이는 건 진심어린 말과 따스한 손길이 담긴 정성이었습니다. 그래서 지금은 선물의 크기나 금액보다는 상황에 맞게 진심을 제대로 전달하려고 계속해서 연구와 노력을 하고

있습니다.

그렇다면 어떻게 진심을 전할 수 있을까요?

가장 먼저 중요한 것은 환한 미소와 인사입니다.

'먼저 저 사람을 전도해야겠다.', '저 사람에게 뭘 줘야 할까?'

이런 계산적인 생각은 잠깐 제쳐두시고 일단 만나서 반가운 마음으로 인사해야 합니다. 저와 손주들이 아파트에 있는 이웃들을 생각보다 많이 전도할 수 있었던 것도 이 인사성 때문입니다. 요즘같이 바로 옆집끼리도 서로 얼굴도 모르고 사는 시대는 이렇게 인사를 한다고 살갑게 대해주는 사람들이 많지 않습니다. 그러나 포기하지 않고 꾸준히 웃는 얼굴로 안부를 물으면 곧 예전의 이웃사촌 부럽지 않은 돈독한 관계가 형성됩니다. 그러면서 상대방의 상황과 어려 근심 걱정들을 알게 되고 거기에서부터 복음이 들어갈 틈이 생깁니다.

다음으로 효과적인 것은 할머니들의 손맛입니다.

대부분 분가를 하고, 맞벌이를 하는 요즘 시대에는 밑반찬도 집에서 제대로 챙겨 먹기가 쉽지 않습니다. 젊은 엄마들일수록 대부분 사먹는 추세지만 그럴수록 집에서 직접 만든 엄마의 손맛이 그립기 마련입니다.

저 같은 경우는 반찬가게도 전도하기 위해서 반찬을 사서 나눠준 적도 있고, 또 반찬을 만들 재료를 선물도 많이 했습니다. 그러나 이왕 하는 김에 김장이나, 젓갈, 혹은 장 같은 것들을 담글 때 조금 넉넉히 해서 젊은 엄마나 혼자 사는 사람들에게 챙겨주면 그 어떤 것보다 마음이 따스해지는 귀한 선물이 될 수 있습니다.

또 오며가며 자주 만나는 사람들이 있다면 작은 드링크제나 비타민 음료 같은 거라도 미리 사두었다가 챙겨주면 마음도 전할 수 있고 이야기도 이어나가기 좋습니다. 이런 사소해 보이고 누구나 할 수 있는 방법들을 통해서도 충분히 효과적으로 전도할 수 있다는 것을 체험했으면 좋겠습니다.

저는 남에게 베풀 때 제가 줄 수 있는 최선의 것으로 합니다. 그리고 시시때때로 생각날 때마다 합니다. 상황이 이렇다 보니 자녀들로부터 받는 군자금으로는 모자라 항상 좋은 것만을 줄 수는 없습니다. 그래서 어떨 때는 '정말 이런 걸 줘도 되나?'라는 생각이 들기도 하지만 그 간의 전도를 통해서 배운 분명한 사실이 있습니다.

"아무리 적은 것도 진심이 들어 있다면 통한다."

손주를 봐주면서 여기저기 학원이며 학교며 데려다 주고 데리고 오고 다니다 보면 하루에도 몇 번씩 같은 일을 하는 엄마들을 만나게 됩니다. 그렇게 인사를 하며 얼굴을 좀 트면 바로 선물 공세를 시작합니다. 아이들 반찬 해먹이라고 소고기도 몇 근씩 사다가 주고, 하다못해 콩나물이라도 사다가 쥐어줍니다. 집에 있는 시골서 가져

온 김치며 짱아치...를 보리며 쌀이며 간간히 싸다가 계속해서 돌리다 보면 어느새 엄마들은 저를 친정 엄마처럼 생각하고 마음을 터놓게 됩니다.

세상에 요즘 누가 반찬이 없어서 못 먹고, 집에 쌀이 없어서 밥을 못할까요? 그럼에도 이런 작은 선물에 마음을 다해 전달하면 분명 효과가 있고 진심이, 그리고 내가 깨달은 하나님의 사랑이 전해지더군요.

그래서 저는 엄마들이 잘 살고 못 살고를 떠나서 항상 작은 것이라도 베풉니다. 우리 손주가 다니는 영어유치원에는 들어오는 차가 전부 외제차일 정도로 잘 사는 사람들이 많습니다. 그러나 그런 사람들에게 반찬거리 갖다 주면서 최선을 다하면 전도는 분명히 됩니다. 저두 처음에는 이렇게 베풀며 하는 전도는 아이들에게나 먹히는 줄 알았습니다. 그러나 성인에게도, 그리고 잘 사는 사람에게도 똑같이 통하는 전도방법입니다.

비싼 외제차 타고 영어 유치원 보내는 엄마들이 뭐가 아쉬워서 제가 주는 선물 받고 마음을 열고 교회까지 찾아오겠습니까? 그것은 제가 베푼 음식의 가치가 아니라 그 안에 담겨 있는 사랑과 진심이 통했기 때문입니다. 그리고 저 같은, 우리 같은 할머니들만이 가지고 있는 친근함으로 다가갔기 때문에 이런 진심을 통해서 전도가 가능했다고 생각합니다.

이미 젊은 엄마들의 고충을 모두 알고 그 길을 걸어온 할머니들이기에 똑같이 공감을 하고 또 지혜롭게 격려를 해줄 수 있으니까요.

그래서인지 이상하게 이런 방식으로 젊은 엄마들을 전도할 때마다 엄마들이 스스로 자기들 친구라며 한두 명씩 저를 찾아와 소개를 시켜줍니다. 그리고 찾아온 엄마들도 같은 방식으로 교회를 나오게 되고, 이런 방식으로 거의 매주 새로운 애기 엄마들이 한두 명씩은 우리교회를 찾습니다.

저 같은 할머니들만 할 수 있는 전도법입니다. 같은 방식으로 비슷한 또래의 애기 엄마나 남자, 혹은 더 어린 사람이 한다고 생각을 해보세요. 과연 머리 희끗한 할머니가 등 툭툭 두드리며 쥐어주는 선물만큼 감동을 받을까요?

바로 우리가 할머니기 때문에 할 수 있는, 그리고 해야만 하는 전도 방법이 분명히 있습니다. 요즘 교회에 젊은 엄마들, 그리고 아이들이 없어서 많이 문제라고 하는데, 말씀과 기도로 무장된 지혜로운 할머니들이 조금만 더 힘을 낸다면 이런 문제들이 충분히 해결되고도 남을 것이라고 저는 믿습니다.

젊은 엄마들을 자주 만나다 보면 어느 순간 서로 마음을 터놓게 되는 순간이 있습니다.

그럴 때면 엄마들이 꼭 저에게 하는 말이 있습니다.

"할머니, 할머니를 만나면 이상하게 마음이 편하고 뭔가 행복해

요. 마치 친정 온 것 같은 느낌?"

젊은 엄마들의 이런 반응은 저에게 큰 힘과 용기가 됩니다. 왜냐하면 나이 차이가 너무 나서 전도를 할 수나 있을까 싶어 걱정하며 소통을 하고자 노력했던 처음부터 지금까지의 노력이 효과가 있다고 생각되기 때문입니다.

제가 비싼 향수를 알아봤던 것도, 스마트폰 사용법을 배우고 억지로 적응했던 것도 다 이런 노력의 일환이었습니다. 그리고 비록 나이는 다르지만 같은 또래의 아이들을 돌보고 키운다는 점은 비슷하기 때문에, 그리고 우리 할머니들은 사실 이런 과정을 한 번 경험하고 또 극복했던 지혜가 있기 때문에 같은 고충과 보람을 공유하며 서로를 이해할 수 있고 또 매우 현실적인 조언과 격려를 해줄 수가 있습니다. 그래서 약간의 용기와 노력만 있으면 의외로 쉽게 세대 차이를 극복하고 엄마와 친딸 같은 관계를 형성할 수 있습니다.

그리고 먼저 말했듯이 사실 베풀 때 가장 효과가 있는 대상은 바로 아이들입니다.

저 같은 경우는 특히 손주 친구들에게 정말 극진히 대합니다. 학교나 학원이 끝나고 아이들이 나올 때 때때로 엄마는 아직 도착하지 않은 경우가 있습니다. 아니면 시간이 조금 일러서 아이들이 단체로 놀고 있는 경우도 있고요. 저는 그럴 때를 대비해서 대부분 아이를 데리러 가는 시간 보다 늘 조금 일찍 마중을 나가는 편입니다.

일단 그런 기회가 포착이 되면 저는 아이들을 데리고 무조건 분식집이나 빵집으로 갑니다. 분식도 가장 맛있는 집으로, 빵집도 그냥 빵집이 아니라 동네에서 가장 비싸고 맛있는 빵집으로 데려갑니다.

"얘들아, 오늘은 용석이 할머니인 내가 다 쏘는 거야. 그러니까 먹고 싶은 대로 마음껏 집어."

그렇게 먹을 것들을 잔뜩 사서 함께 먹다보면 아이들도 자기 친구 할머니가 먹을 것 까지 사줬기 때문에 쉽게 말이 통합니다. 그러면서 저는 수첩을 꺼내서 아이 이름이나 사는 곳, 몇몇 특징 같은 인적사항을 적어 참고합니다. 이런 사소한 인적사항 몇 가지가 나중에 아이의 엄마를 만날 때 대화의 물꼬를 열어주기도 하기 때문입니다.

그러다보면 몇몇 학부모들이 이 모습을 보고는 너무 고마워합니다. 그렇게 몇 번이고 아이들을 볼 때마다 음식을 대접하고 부모들과 안면을 트면 나중에 우리 손자가 아이들을 교회로 전도하기도 쉽고, 저도 아이들 핑계로 부모님을 교회로 초청하기 훨씬 수월합니다.

이런 할머니와 손자의 이야기가 학원이나 학교에 죄다 퍼졌는지 이제는 제가 전혀 모르는 아이들도 "용석이 할머니, 안녕하세요!"라고 씩씩하게 먼저 찾아와 인사를 하곤 합니다. 저는 더 신이 나서 아이들을 먹입니다. 나중에는 아이들이 자주 찾는 분식점에 미리 돈

을 맡겨 놓고 손주 용석이에게 언제든지 아이들과 함께 가서 마음껏 먹으라고 하니 너무나 좋아하더군요.

엄마들도, 아이들도 이렇게 상황만 허락하면 대접하고 전도를 하니 때때로 아이들 때문에 부모님이 교회를 오기도 하고, 부모님이 오면서 아이를 데려오기도 합니다.

어느 경우든 우리 교회는 그 귀한 아이들과 젊은 부모님들이 교회를 찾아주니 너무나 감사할 일입니다. 물론 처음에는 이렇게 투자를 하고 효과를 보는데 시간이 많이 걸렸습니다.

첫째로 제가 좌로 박고 우로 박으면서 효과적인 전도방법을 직접 몸으로 체득하는데 시간이 걸렸고, 둘째는 뿌린 씨앗이 싹이 트고 자라나는데 시간이 걸렸습니다.

어쨌든 감사하게도 이제는 거의 매주 새신자가 교회에 찾아올 정도로 그간의 노력과 결실이 자리를 잡고 있습니다.

네덜란드 암스테르담의 한 광장에서 어떤 남자가 아무 조건 없이 사람들에게 돈을 나눠준 적이 있었습니다. 남자가 건네주는 성경책 한 권만 받으면 누구나 2만원 상당의 현금을 공짜로 손에 쥘 수 있었습니다.

워낙에 수상한 일이라 어떤 사람이 경찰서에 신고를 했고 남자는 경찰서로 연행되었습니다. 경찰은 먼저 위조지폐인지 감식을 했으나 모두 진짜 지폐였습니다. 경찰은 혹시 어떤 상업적인 목적이 있는지 몇 가지 조사를 했으나 깨끗했습니다. 도대체 동기를 알 수 없었던 경찰은 남자에게 돈을 뿌린 이유가 무엇이냐고 직접 물었습니다.

"이런 일을 해서 당신이 얻는 게 도대체 뭡니까?"

"아무것도 없습니다. 저는 크게 성공한 사업가입니다. 최근에 예수님을 믿고 가진 모든 것을 주님을 위해 사용하기로 했는데 그 방법을 잘 모르겠더군요. 그런데 돈과 함께 성경책을 주면 사람들이 받을 것 같아서 그저 되는대로 재산을 정리해 성경책과 함께 사람들에게 나눠주고 있습니다. 이러면 사람들은 일단 성경을 받게 될 것이고 그들 중 몇몇은 성경을 볼 것입니다. 그러면 그들 중 몇몇은 예수님을 구세주로 영접하겠지요. 제가 돈을 나눠주는 이유는 단지 이것뿐입니다."

경찰은 남자의 말이 진실이라는 생각에 그냥 보내주었고, 남자는 자신의 재산이 다할 때까지 광장에서 사람들에게 돈을 뿌리며 성경을 나눠주었습니다.

지금 생각해도 참으로 이해가 되지 않고 너무 원초적인 방법의 전도입니다.

돈과 함께 성경을 받은 사람들이 당장 골목을 도는 순간 성경은 버리고 돈만 챙겨 갈 수도 있습니다. 그리고 그 결실이 진짜 맺히는지 확인할 방법도 없고, 또 너무 오랜 시간이 걸리기도 할 것 같습니다.

그러나 어떤 방식의 전도든지 하지 않는 것보다는 낫습니다. 암스테르담 광장에서 돈을 뿌리는 저 사업가는 자신이 할 수 있는 최선을 다해 베풀었고, 하나님의 말씀을 전했습니다. 그것으로 남자는 성도로써의 소임을 다한 것입니다. 물론 모두가 이렇게 거리에서 돈과 성경을 나누어줄 수 있는 것은 아닙니다. 이 이야기의 교훈은 단지 자신이 가진 것으로 모든 방법을 통해 나누며 전도해야한다는 것입니다.

저도 손자인 용석이가 축구부 활동을 할 때마다 유기농 발효 빵을 잔뜩 사서 아이들에게 돌립니다. 누가 시킨 것도 아니지만 언제나 그렇듯이 자발적으로 6개월이 넘게 베푸는 중입니다. 그러나 그동안 누구 하나 "다음엔 제가 살게요"라는 말 한 번 하지 않았습니다. 사람들의 마음이 이렇게 강퍅한 시대이지만 그래도 저는 베풉니다. 진심이 통하면 언젠가 마음 문이 열리고 그 안에 예수님이 들어가고 변화될 것임을 저는 믿기 때문입니다.

말이 나온 김에 제가 실제로 나름 베푸는 방법으로 삶에 적용하고 있는 것들에 대해서 좀 더 풀어보겠습니다.

일단 저는 상가를 돌아다니며 이것저것 물건을 삽니다. 먼저는 필요한 물건도 사지만 필요 없는 물건도 삽니다. 필요 없는 물건을 산다는 게 무슨 소린가, 필요 없는 물건을 왜 사냐 하는 분들도 있겠지만 그래도 저는 삽니다.

이미 저는 제 인생을 통해서 큰 성공도 거둔 적도 있고 알거지가 된 적도 있습니다. 그리고 기도원에서 예수님을 만난 이후에는 아무리 작은 것이라도 모두 영혼 구원 하는 일에 사용하겠다고 서원하고 다짐을 했습니다.

그래서 생필품, 식료품 등 필요한 물건들은 모두 동네 가게를 찾아다니며 구입을 합니다. 인터넷이 더 싼 걸 저라고 왜 모르겠습니까? 어떤 지인은 저에게 "그래도 그냥 쉽고 편하게 인터넷에서 사지 뭐하러 사서 고생을 하냐"고 말하기도 했습니다.

그래도 바득바득 오프라인(가게)로 찾아다니며 직접 구입합니다. 그래야 그 사람들과 한 번이라도 더 대화하고, 얼굴보고 관계를 쌓고 전도할 타이밍을 만들 수 있으니까요.

카드? 아니요! 무조건 현금만 씁니다. 조금이지만 수수료라도 도와주고 바로바로 사업에 융통할 수 있게 무조건 현금 결제입니다.

네, 저도 카드가 편한 거 알죠. 포인트 쌓아서 혜택도 보고 싶구요. 그래도 '무조건 전도'라는 목적이 있기 때문에 조금 귀찮아도 꼭 현금인출기에서 돈을 뽑아서 현금으로 물건을 구매합니다.

그런데 나중에 생각해보니 꼭 내 물건만 살 필요가 없겠다 싶어, 우리 딸아이네 가족들 것까지 제가 직접 사다 나릅니다.

김장도 안한지 몇 년 됐습니다. 다 전도 때문이지요. 반찬 가게에서 김치며 마른 반찬이며… 주로 많이 사다 먹는 편입니다.

동네의 한 옷가게에 자주자주 가서 옷을 샀습니다. 애들에게 선물하기 위해서 애들 옷도 사고, 제 몸에 맞는 옷이 없어도 사서 족족 며느리와 딸들에게 또는 필요한 사람에게 선물했습니다. 이렇게 있는 기회 없는 기회마다 돈을 써대니 항상 돈이 부족합니다. 다행히 요즘은 믿음이 자라가는 세 자녀들이 안되겠다는 생각이 드는지 최선을 다해 전도비를 지원해 주어서 함께 전도하고 있습니다. 이런 저의 의도를 조금씩 이해하기 때문인데 그나마 정말로 다행인 것은 이런 희생이 길가에 떨어져 흩날리는 씨앗이 아니라 옥토에 묻혀 결실을 맺고 있다는 사실입니다.

물건을 이렇게 많이 또 자주, 그것도 현금으로 사니 상인들이 저를 좋아하지 않을 리가 없습니다. 그래서 장난조로 저를 VIP가 아닌 VVIP라고 부르기도 합니다. 그럼 제가 날을 잡아서 간곡하게 부탁을 합니다.

"저기, 나보고 VIP, 아니 VVIP라고 부르잖아? 그런데 말이지 이번에 그 VVIP대접 좀 한 번 제대로 해주면 안 될까?"

이렇게 얘기하면 대뜸 제가 뭔가 대단한 걸 요구하는 줄 알고 다들 눈을 동그랗게 뜨고 그게 뭐냐고 묻습니다.

"다른 게 아니라, 이번 주에 우리 교회에서 전도축제를 하는데 한 번만 나가주면 안 될까? 내가 한 명도 못 데려가면 교회에서 체면이 안서서 그래, 딱 한 번만 그냥 나오면 될 것 같은데 부탁 좀 할게,

응?"

이렇게 이야기 하면 대부분 크게 한 번 웃고 쿨하게 나오겠다고 합니다. 그리고 제가 보는 앞에서 달력에 체크까지 합니다. 설령 가게를 열어야 돼서 못 나오면 다른 날에라도 나온다고 스케줄을 조정하기도 합니다.

앞서 말씀 드렸던 옷가게나 반찬가게 사장님들은 지금 모두 우리 교회 나오는 성도님들이 되었습니다. 그리고 이런 식으로 제가 방문하는 상점 사장님들은 전부 제가 못해도 철마다 한 번은 교회로 인도를 합니다. 그분들 중에 교회를 다니시는 분들도 있고, 그냥 VVIP 대접 해주느라 1년에 2,3번만 나와주는 분들도 계십니다. 그러나 중요한 것은 그분들이 어쩌다 한 번이라도 교회에 나가 하나님을 만나고 말씀을 들을 기회를 갖는다는 것이며 이로 인해 성령님이 인도하시면 언제든지 예수님을 영접할 수 있는 상황이 된다는 점입니다.

그러나 이런 저의 나름의 전도 방법이 항상 환영받는 것은 아닙니다. 먼저는 가족중에도 한때는 이해를 못했습니다. 그래서 아까 말했다시피 제가 반찬가게 오픈 선물로 비싼 오징어를 선물하려고 하자 "엄마, 미쳤어?"라는 소리부터 나오더군요. 또 제가 사실상 전도를 하는 가장 큰 이유 중의 하나인 교회에서도 종종 안 좋은 말들이 나옵니다.

제가 한 번은 교회에서 아이를 가진 엄마들끼리 모이는 그룹의 멘토가 된 적이 있습니다. 비슷한 상황에 처한 엄마들끼리 모여서 고충을 나누고 함께 배우고 또 기도하는 그런 취지의 모임이었는데, 모임의 성격상 아직 신앙의 기틀이 잡혀 있지 않은 사람들이 많았습니다. 그럼에도 저는 한 명이라도 더 교회에 남게 하고자 모일 때마다 비싼 곳에서 식사를 대접하고 이것저것 가져다주며 엄마들의 마음을 얻기 위해 노력했습니다.

그리고 모임의 마지막 날이면 뭔가 기념할만한 선물을 하나하면 좋겠다 싶어 하나님께 무엇을 할까를 묻습니다.

한 번은 하나님께 기도하는데 이사야 13장 12절 말씀이 떠올랐습니다.

"내가 사람을 순금보다 희소하게 하며 인생을 오빌의 금보다 희귀하게 하리로다"

그때 문득 떠오른 금반지를 크진 않지만 다 하나씩 돌렸습니다. 금반지를 받은 엄마들 눈이 놀란 토끼만큼 커졌고, 이후에 제가 알기로 모임이 끝나면서 교회를 떠나려고 했던 몇몇 엄마들은 교회를 떠나지 않고 계속해서 출석을 했습니다. 나중에 알고 보니 제가 그동안 대접했던 식사와 선물, 그리고 금반지라는 통큰 선물 때문에 마음을 돌린 것이 아니라, 그 선물을 준 제 마음에 감동해서 교회에 계속 다니기로 마음을 먹었다는 것을 알게 되었습니다.

'이정도로까지 나를 챙겨주는 이유가 무엇일까?'

'나한테 이렇게 극진이 신경 써 주는 사람이 있었나?'

저의 선물로 이런 생각이 계속해서 들게 되었던 것입니다. 하나님이 하게 하신 일이니까, 하나님이 역사하신 것입니다. 막말로 그냥 먹을 건 먹고, 받을 건 받고 입만 싹 닦으면 그만입니다. 그럼에도 저의 경험상 정말로 전도에 깊은 열망을 갖고 있다면, 또한 말씀으로 무장하고 기도로 뜨겁게 민다면 어떤 선물이든가에 관계없이 그 영혼을 사랑하는 진심과 하나님의 사랑이 반드시 전달됩니다.

"사람이 만일 온 천하를 얻고도 제 목숨을 잃으면 무엇이 유익하리요 사람이 무엇을 주고 제 목숨과 바꾸겠느냐"(마태복음 16장 26절)

예수님의 이 말씀처럼 한 사람의 영혼은 천하보다 귀합니다. 예수님을 믿고 구원을 받는 일이 그 어떤 일보다 중요합니다. 저는 이 말씀대로 전도대상자의 영혼이 천하보다 소중하다고 생각하기에 누구보다 열심히 섬기며 전도하려고 합니다.

그러나 이런 저의 의도와 또 실제 일어나는 현상과는 관계없이 여러 가지 소문과 시기, 질투로 저의 마음을 아프게 하는 사람들도 있었습니다.

"물질로 사람을 거의 사다시피 해서 데려온다", "사람 정신을 홀리는 호객꾼이다" 등등의 좋지 않은 소문들이 들리니 정말 나에게 새로운 삶을 시작할 수 있는 힘을 준 교회임에도 떠나고 싶은 생각

이 들기도 했습니다.

또 어떤 분들은 아예 대놓고 찾아와 요즘 세상에 돈을 그렇게 쓰면 큰일 난다며 헛돈 쓰지 말고 착실히 노후대비만 하라고 지적을 했습니다.

하지만 저는 제 방식이 잘못되었다면 분명히 하나님이 판단하실 거라는 믿음이 있습니다. 저의 씀씀이와 전도방식이 잘못되었다면 하나님께서 열매를 주지 않으실거고 다른 방향으로 저의 삶을 인도하실 것입니다. 그러나 지금까지 저처럼 전도에 대해서 아무것도 알지 못하고 오로지 맨땅에 헤딩하는 듯한 방법으로 결실을 맺고 있는 것은 하나님께서 그저 열심히 주님만 생각하며 달려가는 이 부족한 저를 어여쁘게 여겨 주시고 불쌍하게 생각하시기에 어기까지 올 수 있지 않았나 싶습니다.

저는 미국이니 스포츠니 잘 모릅니다만 최근에 뉴스를 통해서 미식축구 선수의 이야기를 듣게 되었습니다.
연봉이 100억이 넘는 어떤 선수가 전성기가 지나 팀으로부터 방출되었는데, 다른 팀에서 그래도 몇 십억이 넘는 좋은 조건으로 영입 제의가 들어왔음에도 이 선수는 은퇴를 선언하고 농부가 되었습니다. 꾹 참고 2,3년만 뛰어도 백억이 넘는 돈이 늘어오는데도 갑자기 은퇴를 선언한 사실에 모두가 놀랐습니다.

그리고 그가 은퇴를 하고 시작한 일은 농사였습니다.

농사를 지을 줄도 몰라 인터넷으로 방법을 검색해 배웠고 주변 농부들을 찾아가 물어물어 시작했습니다. 당시 그의 에이전트는 이 소식을 듣고는 그 선수가 인생 최악의 선택을 했다고 혹평했습니다. 한 기자가 그를 찾아가 그 많은 돈을 포기하고 농사를 짓는 이유를 묻자 그는 이렇게 말했습니다.

"지금 세계에는 식량이 없어 굶어죽는 사람들이 많습니다. 이 넓은 땅에서 재배된 모든 식량들은 다 그런 사람들을 위해서 보내질 것입니다. 제가 직접 농사를 지어서 그 사람들을 위한 식량을 보내고 싶었습니다. 그것이 하나님께서 저에게 시키신 일이라고 저는 확신합니다."

세상 사람들의 시각에서 보면 굉장히 미련한 일일지도 모릅니다. 그냥 몇 년 더 뛰면서 돈을 모아 나중에 시작을 해도 되는 일이고, 식량을 사서 보내던가, 아니면 그냥 돈으로 기부를 하는 것이 훨씬 편한 일이기 때문입니다.

그러나 저는 이런 그의 마음과 생각이 이해가 됩니다. 중요한 것은 그 안에 진심이 담겨있는 사랑이고 그 선수는 직접 짓는 농사가 그 방법이었습니다.

마찬가지로, 그래서 부족한 저도 나눔으로서 사람들을 전도할 수 있었습니다. 그리고 숱한 방해와 시기에도 주변의 이런 모습을 본받고 싶어 하는 사람들이 조금이나마 있기에, 그리고 그동안 맺힌 결실이 있기에 마음을 다시 추스릴 수 있었고 계속해서 전도의 열정을 불태울 수가 있었습니다.

부족하지만 자기들도 베풀고 싶다고 모임마다 포도며 과일이며 박스로 사와서 함께 먹고 나누는 아기 엄마들, 그리고 제가 성지순례를 간다는 것을 알고 그동안의 보답을 조금이라도 하고 싶다며 십시일반으로 돈을 모아 피부 관리용 에센스, 그것도 아주 고급 제품을 준 적도 있습니다. 뻔히 어려운 형편을 다 아는 엄마들이 자발적으로 모아서 준 것이기에 감동은 더욱 컸습니다. 그 선물을 받으면서 하나님께서 이런 감동을 주셨습니다.

'아… 처음에는 비록 내가 이 사람들을 물질을 베풀어 교회로 인도했지만 이제 이 사람들은 그것을 바라고, 또 그것 때문에 교회에 나오는 것이 아니구나… 이제 정말로 예수님을 믿고 하나님의 자녀가 되었구나….'

한 엄마는 저의 전도로 우리 교회를 잘 나오다가 강남으로 이사를 가면서 교회를 옮겼습니다. 꽤 오래 연락이 되지 않아 내심 궁금하던 차에 갑자기 한 번 만나자는 연락이 왔습니다. 그리고는 대뜸 저를 보자마자 손을 잡으며 연신 감사하다고 했습니다. 처음엔 마지

못해 나가던 교회였는데 거기서 예수님을 만나고 구원을 받으면서 인생이 풀렸다는 것입니다.

그래서 지금은 새로 오픈한 가게가 장사도 매우 잘되고 교회도 빠지지 않고 잘 나가고 있으니 걱정 말라고 오히려 저를 안심시켰습니다. 훅 불면 날아갈 것 같던 믿음의 성도들이 어느새 이렇게 주님 안에 뿌리를 내리고 저마다의 신앙으로 자라나는 것을 보니 왠지 모를 뿌듯함과 보람이 느껴져 하루 종일 기분이 좋았습니다.

물론 지금까지 제가 한 전도는 모두 하나님이 하셨습니다.

그러나 이런 하나님의 사역에 동참한다는 것은 세상의 그 어떤 기쁨과도 바꿀 수 없는 희열이며 보람입니다. 그렇게 전도를 통해서 저는 조금이라도 하나님을 위한 일을 하고 있다는 기쁨을 맛보고, 천국 가기 전에 이 땅에서 그래도 뭔가 중요한 일을 하고 있다는 사명감을 느끼게 해주기 때문에 숨이 멎는 순간까지 결코 전도를 멈출 수가 없습니다.

저는 여기서 베푸는 방식의 전도에 대해서 말씀 드렸습니다. 그러나 모두가 이 방법대로 그대로 따라할 필요는 없습니다. 저는 우리들이 이런 생각을 가졌으면 좋겠습니다.

1. 할머니들은 교회의 힘이자 보배이다.

교회에서 점점 사라지고 있는 아이들, 젊은 부모님들을 전도할 수 있는 힘이 할머니들에게는 있습니다. 친정 엄마나 장모와 같은 따스한 관심과 위로의 마음으로 다가간다면 세대차이라는 큰 장애물을 뛰어넘을 수 있습니다. 지금 전국의 교회에 계시는 많은 할머니들은 한국 교회의 뜨거운 부흥을 다시 일으킬 저력이 있는 귀한 보배들입니다.

2. 거룩한 투자를 하자.

"교회 나온다는 보장도 없는데 너무 오버하는 거 아닐까?"라는 생각은 잠시 접어두십시오. 저처럼 세상에서 나름 큰 성공을 해봤자 하루아침에 알거지 되는 건 일도 아닙니다. 그러나 전 재산을 잃더라도 한 영혼이 구원 받는 다면 그것은 훨씬 귀하고 가치 있는 일입니다. 영혼구원은 주님이 가장 기뻐하시는 일이며 또한 믿는 성도로써 마땅히 큰 희생을 치르고서라도 평생에 걸쳐 해야 할 거룩한 투자임을 기억합시다.

3. 진심이 최고의 무기이다.

친정 엄마의 마음을 떠올려 보십시오. 초가삼간이 전부인 시골이어도 본가를 떠날 때는 차 트렁크에 빈 곳 없이 꽉꽉 채워주는 것이 친정엄마의 마음입니다. 마찬가지로 작은 찬거리라도 진심을 담아, 다시 말하지만 정말 진심을 담아 표현을 할 때 사랑의 마음이 전해집니다. 형편에 맞는 최대한 좋은 것을 대접하되 사랑과 진심이 전달되는 매개체가 되었으면 하는 간절함을 담으십시오. 진심이 없는 베풂은 아무리 좋은 것이라도 상대를 오히려 불쾌하게 만들 수 있습니다.

4. 베푼 은혜는 잊어버리자.

세상에 공치사만큼 치사한 게 없다고 저는 생각합니다. 전도를 할 때 '이만큼 베풀었으니 됐겠지'라는 생각은 절대로 금물입니다. 우리를 구원하기 위해 자기 아들을 값없이 주신 하나님처럼 우리도 전도대상자들을 위해 얼마든지 베풀 각오가 되어 있어야 합니다. 예수님을 보내주신 하나님의 그 사랑을 깨닫게만 된다면 억만금이라도 아깝지 않습니다.

3. 전도는
타이밍이다

이미 전도에서 가장 중요한 것은 실천, 그리고 베푸는 것이라고 말씀드렸습니다. 물론 이런 행동을 하기 위해서는 그 밑바탕에 하나님의 사랑을 체험하는 것, 그리고 복음과 사랑을 전하고자 하는 진실된 마음이 깔려있어야 합니다.

그리고 전도에서 중요한 것이라기보다는 가장 어려운 일은 바로 타이밍을 잡는 일이라고 생각합니다. 타이밍은 어떤 일을 하기에 적당한 때를 말하는 것인데 저는 전도에는 두 가지 타이밍이 있다고 생각합니다.

첫 번째 타이밍은 시간을 기다릴 줄 아는 인내라고 생각합니다.
달라스 신학대학교의 총장님이 채플 시간에 이런 간증을 한 적이 있다고 합니다.

"저는 평생 동안 자기 아들의 구원을 위해 기도를 해 온 한 어머니를 알고 있습니다. 그리고 오늘 아침 자기 아들이 예수님을 믿고 구원받았다는 연락을 받았습니다. 자기 아들을 위해 무려 40년 동안이나 쉬지 않고 기도해 온 것입니다. 그러나 그 시간은 헛되지 않았습니다. 바로 오늘 그가, 또 하나님이 귀히 여기시는 한 영혼이 구원을 받았기 때문입니다."

물론 자기 아들을 생각하는 어머니의 기도만은 못하겠지만 어떤 영혼을 전도할 때는 최소한의 인내는 가지고 있어야 합니다.

상대방이 거절 한다고, 약속을 어긴다고 금방 화를 내고 실망할 것이 아니라 전도대상자가 스스로 마음을 돌려 주님께 나아올 때까지 보살피고 기도해주며 관심을 갖고 양육하는 인내가 필요합니다.

저 역시 지금까지 많은 거절과 무시를 당했습니다. 소위 말하는 뒤통수를 맞은 적도 참 많았습니다. 그러나 기도원에서 제가 만난 하나님이 저를 사랑하신 것 같이 다른 영혼들도 정말로 사랑하신다는 것을 알았기에 포기하지 않고 버틸 수 있었습니다. 하나님이 저를 포기하지 않으셨기 때문에 저도 되도록 이 영혼들을 포기하지 않으려고, 나중에 만나게 되지 못하는 상황이 온다 하더라도 수첩에 적어놓은 인적사항을 보며 꾸준히 기도하고 있습니다.

20년 동안 알고 지내던 한 지인이 있었는데 오래 알고 지낸 만큼 전도를 하려고 무던히 애를 썼으나 워낙 세상을 잘 알고, 또 깊이 빠져 살던 분이기에 교회의 교자만 나와도 완강히 거부를 했습니다.

제가 하도 닥달을 하니 그나마 몇 번 교회를 나오긴 했지만 그때마다 표정이 영 좋지 않았습니다. 결국 전도에 실패를 했고 지금은 어디서 무얼 하고 지내는지 연락도 되지 않습니다.

그러나 저는 지금도 그분을 위해 기도하고 있습니다.

'어디서 뭘 하는지도 모르지만 꼭 인생의 어려운 순간마다 한 번이라도 그때 교회에 나와서 들었던 말씀을 떠올리게 해주시고 너무 늦기 전에 주님을 반드시 만나게 해주십시오.'

지금도 제 수첩에는 이처럼 행방을 알 수 없는, 혹은 완전히 마음의 문을 닫아버린 사람들의 이름이 적혀 있습니다. 그리고 매주 기도원에 갈 때마다 이 영혼들을 위해 기도합니다. 기다리며 기도하며 최선의 노력을 베풀다 보면 언젠가는 반드시 마음문이 열린다는 사실을 알고 있기 때문입니다. 그래서 저는 이런 경험을 실패했다고 생각하지 않고, 오히려 언젠가 반드시 하나님께 돌아올 잠정 예비성도들이라고 생각합니다. 이 사람은 끝났다고 생각한 상황에서도 생각지도 못한 방법으로 다시 하나님의 품으로 돌아오는 사람들이 아주 여러분이 있었습니다.

제가 15년 동안 알고 지내던 보석 디자이너가 한 분 있습니다.

처음엔 단순히 고객과 사장님 사이로 만났고 가끔이나마 서로 안부를 묻고 지낼 정도의 사이가 되었는데 중간에 4년 정도 서로 바빠서 전혀 연락이 없다가 오랜만에 도움을 청할 일이 있어서 다시 수소문을 했습니다.

그런데 직원이 20명이 될 정도로 잘나가던 쥬얼리샵이 부도가 나서 상당히 어려운 상황이었습니다. 안타까운 마음에 근근이 연락을 하다가 때마침 교회 총동원 주일이라서 저는 상한 심령이 말씀으로 조금이나마 위로가 될까 싶어서 그녀를 교회로 초청했습니다.

"저기 말이야, 나 한번만 도와주면 안돼?"

"네? 무슨 일이신데요?"

"다른 게 아니라, 이번에 우리 교회에서 총동원 주일이거든. 나 따라서 교회 한 번만 나와줘. 내가 그래도 교회 오래 다니면서 권사까지 됐는데 총동원 주일날 한 사람도 못 데려가면 체면이 어떻겠어? 이번 한 번만 좀 도와줘 응..."

"아… 교회요..? 그런데 너무 먼데..."

사실 그녀가 우리 교회에 등록을 한다 해도 서울 시내에 살던 그녀와 제가 다니는 경기도 하남과는 거리가 꽤 되던 터라 새신자를 등록시킨다는 것은 무리였습니다. 그래도 이 기회를 통해 꼭 우리 교회를 나오지 않아도 좋으니 복음을 전했으면 하는 바람이었습니다.

다행히 간곡한 저의 부탁에 총동원 주일에 교회를 나왔습니다. 그런데 경품 추첨 시간에 1등 상품인 대형 TV에 당첨이 되었습니다.

처음에는 기쁘고 감사했지만 문득 생각해보니 '주님, 어차피 TV를 주실거면 교회 근처에서 온 새신자 될 사람을 주시지, 왜 등록가망도 없는 사람에게 주셨나요?'라는 생각이 들었습니다. 그녀는 기쁘게 TV를 받아 집으로 돌아갔고, 그 이후로는 거의 연락할 일이 없었습니다.

그런데 3년이 지나고 어느날 뜬금없이 그녀에게서 연락이 왔습니다. 무슨 일이냐고 물으니 갑자기 우리 교회를 나오겠다는 말부터 전했습니다.

"권사님, 다른 게 아니라 저 이제부터 권사님네 교회 다닐래요."

"우리 교회? 아니, 거기서 어떻게 다니려고 그래? 갑자기 무슨 일이야?"

"다른 게 아니라 제가 종합검진 중에 종양이 발견 되서 수술을 했거든요. 그런데 수술하기 전에 수술동의서를 쓰면서 의사가 종교가 있으면 공란에 적으라는 거예요. 그런데 문득 그 순간 '그래도 내가 몇 년 전에 교회에 가서 TV까지 받았는데 의리가 있지'라는 생각에 기독교라고 적었어요. 꽤 어려운 수술이었는데 의사 선생님이 잘 끝났다고 하시더라고요. 그러고 나니 그래도 종교에 기독교라고 적어놓고 안 나가니 양심에 뭔가 찔리는 게 있어서 교회를 다니기로 결심했어요. 그리고 이왕 다니는 거 그래도 권사님네 교회로 다닐래요. 한 달에 한 번이라도 꼭 나갈테니 걱정 마세요."

그러고 정말로 그때부터 우리 교회를 나오기 시작했습니다.

한 달에 한 번은 나온다던 그녀는 점점 교회에 꼬박꼬박 출석하기 시작했고 어느덧 어머니 기도회까지 참석할 정도가 되었습니다. 너무나 감사하게도 지금은 남편까지 함께 출석을 하고 있습니다. 아직까지 시어머니는 교회에 나오는 걸 반대하지만 그래도 꿋꿋이 신앙생활을 하며 믿음의 뿌리를 온전히 내리고 있습니다. 그리고 최근에는 교회로 인도해준 것이 너무 감사하다며 저에게 주기도문이 새겨진 금반지를 선물로 주었습니다.

그 작은 반지에 그 많은 글씨를 새겨 넣는 것이 보통 어려운 것이 아니었을텐데 제가 뭐라고 이 귀한 선물을 주는지 정말 감격의 눈물만이 흘렀습니다. 저는 단지 하나님을 향한 사랑으로 전도하는 것뿐인데 하나님은 이런 저를 위해서 생각지도 못한 선물까지 허락하셨습니다.

이 모든 걸 하나님은 3년 전 예비하신 건데도 저는 바보같이 TV만 생각하며 본전 타령을 하고 있었지요. 이렇듯 어떻게든 복음을 듣는 자리로 최선을 다해 이끌었다면 그 다음부터는 오로지 기도로 하나님께 모든 것을 맡기며 인내하며 기다리기만 하면 됩니다. 오늘 아니면 내일, 내일이 아니면 다음 달, 다음 달이 아니면 몇 년 뒤라도 반드시 오늘 뿌린 복음의 씨앗은 어떤 형태로든 결실을 맺게됩니다.

"우리가 선을 행하되 낙심하지 말지니 포기하지 아니하면 때가 이르매 거두리라" (갈라디아서 6장 9절)

전도를 하다 먹먹하고 어려운 순간들이 찾아올 때마다 이 말씀을 묵상합니다. 우리가 선을 행할 수 있는 가장 확실하고 귀한 방법이 바로 전도입니다. 그러므로 거절당했다고 낙심할 필요도 없고, 반응이 제때 오지 않는다고 조급해할 필요가 없습니다.

저는 하나님을 믿는 성도들에게도 이용을 당한 적도 있습니다.

뭐든지 먼저 베푸는 저의 전도방법을 호객행위로 폄하하면서도 정작 누군가를 대접하거나 자기한테 필요한 물건이 있을 때는 저의 이런 성향을 이용해 필요한 것을 얻어냅니다. 때로는 이런 대우가 너무 힘들어서 하나님이 허락하신 귀한 교회를 떠날까하는 생각이 들 때도 여러번 있었습니다.

저도 바보가 아닌 이상 그런 목적을 알긴 하지만 그래도 언젠가는 그 사람이 바른 길로 돌아오게 되길 바라면서 그리고 혹시나 이런 베풂을 통해서도 한 영혼이라도 전도하고 본받게 되길 바라면서 모른 척 속아줍니다. 분명한 것은 그저 온유한 마음으로 기도하며 하나님께 모든 것을 맡기면 분명히 더욱 알맞은 때에 하나님께서 여러모로 역사하신다는 사실을 알기 때문입니다.

제가 전도한 어떤 분 소개로 알게 된 분이 있습니다.

우연히 건강관리를 위해서 다니던 건강 센터를 같이 다닌다는 걸 알게 됐는데 그 뒤로 매우 친해졌습니다. 저는 평소처럼 그분을 위해 기도하며 극진이 대접을 했는데 의외로 쉽게 교회에 따라 나오겠다고 대답을 해서 기뻤습니다.

평소 대화를 하다보면 기독교에도 관심이 있는 것 같고 교회도 쉽게 따라왔으니, 바로 온 날 새신자카드를 내밀면서 등록을 권유했는데 단칼에 거절했습니다. 혹시 내가 뭘 실수했나 싶어 그날 이후로 말할 수 없을 정도로 더 신경을 썼습니다.

그렇게 다시 친하게 지내던 도중 몇 주 뒤에 다시 교회에 나오겠다고 말했습니다. 그래서 교회에 다시 드문드문 나오다가 결국 스스로 등록을 했는데, 조금 더뎠던 시작과는 다르게 믿음이 빠르게 성장해 제가 전도한 분들 중에 가장 먼저 십일조 생활을 시작할 정도가 됐습니다.

전도에서 정말 중요한 것 중의 하나는 기다리는 것입니다. 교회에 한 두 번은 정성을 쏟아 데려나올 수 있지만 결국 가장 중요한 것은 스스로 마음을 돌려 교회를 나오고 예수님 믿을 결심을 하는 것인데, 그것은 나의 능력, 사람의 능력으로 되지 않고 오직 하나님의 말씀과 성령을 통해서 되기 때문입니다.

전도는 결코 쉬운 일이 아닙니다.

많은 분들이 저에게 전도가 어렵지 않느냐고 물을 때마다 저는 결코 전도가 쉽다고 말하지 않습니다. 전도는 정말 어렵고 어려운 일입니다. 끊임없이 베풀고 신경과 관심을 쓰고, 그리고 기다리기까지 해야 합니다. 또 그런다고 잘된다는 보장이 없습니다. 그럼에도 전도를 하는 이유가 무엇이냐고 물으면 이 모든 것이 하나님의 뜻이라고 얘기합니다.

그리고 한편으론 재미와 보람도 느낍니다.

제가 전도를 한 보람을 가장 느낄 때가 언제인지 아십니까?

"사람들이 알아줄 때?"

"하늘에 가서 큰 상급을 받을 생각을 할 때?"

"전도 많이 했다고 인정받을 때?"

모두 정답이 아닙니다.

바로 제가 전도한 사람들이 더 이상 저를 '할머니'라고 부르지 않고 '권사님'이라고 부를 때입니다.

저를 교회 내의 직분으로 불러준다는 것은 그 사람이 직접 신앙생활의 울타리 안으로 들어오기로 결심을 했다는 것이기 때문입니다. 제가 교회로 인도한 영혼이 예수님을 구주로 영접하고 그리스도인이 되기로 결심했다는 사실이 저에게는 가장 큰 기쁨이자 보람이요 또한 자랑거리입니다.

지금도 제가 전도한 많은 아기 엄마들이 교회 다닌 경험이 없어 교회조직을 몰라 교회 복도에서도 저를 '할머니, 할머니' 하며 크게 부르곤 하지만 이들 역시 언제가 저를 권사님이라 부르며 교회에서 그 누구보다 열심히 신앙생활을 할 그날을 저는 꿈꾸며 기다립니다.

두 번째 타이밍은 적합한 때를 포착하는 능력이라고 생각합니다.

처음 전도를 하면 정말로 어려운 게 많습니다. 기껏 줄려고 준비한 작은 선물을 언제 줘야 할지, 언제 교회에 오라고 말을 꺼내야 할지, 등록은 어떻게 시켜야 할지 등등...

나중에 전도가 생활화 되면 어느새 자연스럽게 이런 일들이 알아서 척척 진행되지만 처음에는 정말로 쉽지 않습니다. 보통은 전도를 하려고 마음을 먹었다가도 실제로 일이 진행되면서 몇 번 막히면 쉽게 포기를 하기 때문에 제가 초반에 그렇게 실천에 대해서 강조를 한 거고요.

그러나 우리 정도 나이를 먹고 세상을 살다보면 대게 뭘 주고 또 권하고 이런 데 매우 익숙하잖아요? 그래서 저는 모든 할머니들이야말로 전도를 하는데 정말 뛰어난 재능을 이미 가지고 있다고 개인적으로 생각하고 있습니다.

친정어머니처럼 내 딸이다, 내 사위이다, 내 손주다 생각하며 스스럼없이 대하면 무엇을 주는 일도, 또 교회를 권하는 일도 생각보다 자연스럽게 풀립니다.

다만 너무 상대방과의 관계를 주도하려고 하면 안 됩니다.

상대방의 말을 들어주고 되도록 상대방이 어떤 상황과 형편에 처해있는지를 귀담아 듣고 기억해야 작은 선물을 하나 줘도 필요한 것을 줄 수 있고, 교회에 초청을 하려고 해도 총동원 주일에 하는 게 좋을지, 추수감사절에 하는 게 좋을지, 아니면 성탄절에 하는 게 좋을지 어느 정도 감이 오기 때문이죠.

한 마디로 눈치와 관심이 적합한 타이밍을 잡는 중요 포인트입니다. 그리고 여기에 한 가지 더해서 놓치지 말아야 할 포인트는 바로 성령님의 인도하심에 민감하게 반응하는 것입니다.

저희 동네에 사람들이 자주 들리는 옷가게가 하나 있습니다.

저도 오며가며 그 가게 사장님과 자주 인사를 했는데 물론 언젠가는 전도를 해야겠다는 생각 때문이었습니다. 그런데 알고 보니 저만 그런 것이 아니라 근처의 다른 교회 사람들도 비슷한 생각을 하고 있었습니다.

사장님은 자신이 예전에는 교회에 다니던 사람이었는데 일이 바쁘고 여러 가지 문제로 이곳에 와서는 교회에 안간지 좀 됐다고 말했습니다.

그 사실을 여기 오는 다른 교회 교인들도 알았기에 아마 일 순위 전도대상자로 삼았던 것 같습니다. 교회에 대해서 아무것도 모르는 사람들보다는 그래도 한 번 발을 담갔던 사람들이 보통 전도하기가 부담스럽지 않으니까요. 그리고 혼자서 전도를 시도했던 저와는 달리 다른 교회 사람들은 늘 무리를 지어 가게를 찾아와 전도를 시도했습니다.

그런 분위기에 몇 번 있다 보니 제가 굉장히 약하고 무력한 사람처럼 느껴지기 시작했습니다. 또 한 편으로는 '그래, 뭐 어디든 교회만 잘 다니면 되지, 안 그래?'라는 생각도 들었습니다. 사실 저도 그동안 저희 교회 나올 수 없는 사정이 있는 사람들을 전도하게 되면 집 근처에 있는 좋은 교회를 수소문해서 연결해주기도 했으니까요. 그러나 어쩐 일인지 마음에 부담이 생겨 그냥 저 혼자라도 계속 방문해 전도를 해야겠다는 감동이 있었습니다. 저야 뭐 전도에 모든 인생을 건 사람이기 때문에 그냥 순종하기로 하고 매일 한 번은 꼭 그 가게에 들러 사장님과 인사 나누고 간단한 대화를 나눴습니다. 그런데 한 번은 자기가 다닐 교회를 정했다며 저에게 이런 말을 했습니다.

"저기요, 권사님! 저 사실 교회 다시 나가기로 했어요."

"그래요? 정말 잘 됐네, 신앙생활은 쉬면 안 좋아요. 정말 잘 생각했어요. 그런데 어디로 나가게 됐어요?"

"장학봉 목사님이 계시는 성안교회에 다니기로 했어요."

바로 제가 다니는 교회였습니다. 제가 오히려 왜 그 교회냐고 물어

보고 싶을 정도로 너무나 뜻밖이었습니다. 혼자서 전도하려고 마음을 먹었다가 내심 포기하고 마지못해 그저 하루에 한 번 들러서 말이나 나눴을 뿐인데 오히려 먼저 우리 교회에 오겠다고 이야기를 하다니요? 이 역시 하나님의 놀라운 역사이자 또한 저에게 지워주신 무거운 책임이 아닐 수가 없습니다.

너무나 기뻤지만 책임 또한 막중했습니다. 다른 교회에 갈 수 있었음에도 우리 교회에 왔다는 것은 그만큼 훨씬 더 잘 대하고 사랑으로 감싸야 한다는 뜻이라는 생각이 들었습니다.

이처럼 때로는 나의 생각으로 힘들고 어려운 상황이라는 판단이 설 때도 있습니다. 그러나 그런 때에도 성령님께서 마음에 분명한 감동을 주신다면 순종을 해야 결실이 맺힙니다.

성령님이 인도하시는 순간보다 더 정확한 타이밍은 존재하지 않습니다. 전도를 위한 뜨거운 열정을 가지고 온전히 헌신하며 성령님께서 분명한 때로 인도하며 지혜를 주실 것입니다. 그동안의 전도를 통해서 제가 얻은 타이밍에 대한 노하우는 다음과 같습니다.

1. 친정어머니의 마음으로 다가서자.

할머니들만이 가질 수 있는 친화력을 잘 활용한다면 전도를 위한 사전 작업을 하는 일은 결코 어렵지 않습니다. 따스한 관심과 사랑으로 친정어머니와 같이 먼저 다가가며 선물을 주고, 안부를 묻고,

교회 방문을 요청하는 것은 생각보다 수월하게 풀립니다.

2. 자라나게 하는 분은 주님이시니 인내하자.

하나님은 실수하지 않으시는 완벽한 계획의 하나님이십니다. 때로는 몇 년이 걸릴지라도 하나님은 계획하신 그대로 전도를 위한 우리의 수고를 아름다운 결실로 맺으십니다. 그 믿음을 유지하며 지치지 말고 전도라는 최선의 선을 계속해서 행하면 됩니다.

3. 상대방의 상황과 형편에 관심을 갖고 기억하자.

전도는 상대방을 향한 관심과 사랑에서 출발합니다. 정말로 날 구원해주신 하나님을 사랑한다면 동일하게 사랑하시는 전도대상자를 위해 관심과 애정을 쏟을 수밖에 없습니다. 사소한 것이라도 놓치지 말고 전도대상자의 일거수일투족에 대해서 기억하십시오.

4. 가장 좋은 인도자는 성령님이시다.

전도의 노하우가 쌓일수록 상대방의 가능성을 평가하는 소위 간을 보는 행동을 하게 됩니다. 그러나 하나님은 모든 사람과 영혼을 동일하게 사랑하십니다. 하나님의 사랑은 모든 사람과 영혼에게 열려 있다는 것을 잊지 말고 어려워 보이는 상황에 닫힌 마음을 가진 사람을 만난다 하더라도 성령님의 이끄심을 느낀다면 곧 순종함으로 행동하십시오.

4. 전도는
축복이다

미국의 명문인 프린스턴 대학교의 한 신학생이 학교 게시판에 다음과 같은 고민을 올렸습니다.

"저는 경건한 삶을 살기 위해 매우 노력을 합니다. 채플은 한 번도 빠진 적이 없고 날마다 시간을 정해놓고 기도를 합니다. 말씀을 묵상하며 암송까지 하려고 노력합니다. 그러나 아직까지 단 한 명도 전도를 해 본적이 없습니다. 전 이것이 매우 잘못된 일이라는 걸 알지만 그러나 선뜻 나서기가 너무 힘이 듭니다. 저한테 잘못된 건 무엇일까요?"

이 신학생의 고민은 아마 대부분의 그리스도인들이 똑같이 신앙생활 가운데 겪게 되는 고민일 것입니다.

그러나 한 번 반대로 생각해보는 건 어떨까요?

만약 한 사람을 데려올 때마다 돈을 백만 원씩 준다고 하면 과연 앉아서 저렇게 자책하는 고민을 하면서 시간을 때우겠습니까? 아마 그 시간에 어떻게든 길가는 사람이라도 붙잡아 놓고 한 명이라도 더 데려오려고 노력할 것입니다.

주위에 다단계를 하는 분을 알고 계신다면 무슨 말인지 알 겁니다. 몇 년 만에 연락 온 반가운 친구가 알고 보니 다단계였다는 웃지 못 할 이야기는 주변에서 누구나 흔히 들을 수 있는 이야기가 되었습니다.

전도에는 이런 돈보다 더한 축복이 있습니다.

그 축복은 죽어서 가는 하늘나라에서 누리게 될 축복일 뿐만 아니라 지금 살고 있는 세상에서 누리는 축복이기도 합니다. 또한 보이지 않는 영적인 축복이기도 하며, 눈에 보이는 물질적인 축복이기도 합니다.

저는 세상의 모든 복락을 포기하고 오로지 모든 것을 영혼을 살리는 전도에만 사용하겠다고 주님께 서원한 사람이지만 주님은 이런 부족한 저에게 너무나 분에 넘치는 큰 복을 허락하셨습니다. 초대교회의 사도들과 예수님의 제자들처럼 복음을 전하다 고난을 받아도 저에게는 오직 감사할 일일진대 주님은 저에게, 그리고 저의 전도에 힘이 되어주는 저희 가족들에게 엄청난 큰 복을 허락하셨습니다.

제가 전도로 인해 받은 가장 큰 축복은 먼저 전도 그 자체를 하며 받은 축복입니다.

하나님의 나라를 확장하고 하나님이 창조하신 귀한 영혼을 구원하는 일에 작게나마 일조를 하고 있다는 것은 무엇과도 비교할 수 없는 축복입니다.

"사람이 만일 온 천하를 얻고도 제 목숨을 잃으면 무엇이 유익하리요 사람이 무엇을 주고 제 목숨을 바꾸겠느냐?"(마태복음 16장 26절)

이 말씀처럼 세상을 살면서 얻는 모든 돈과 명예, 지식은 구원을 받지 못하면 쓸모가 없습니다. 심지어 천하를 얻는다 해도 말입니다. 그러니 이런 천하보다 귀한 영혼을 구하는 일에, 그것도 날 구원하신 예수님의 사랑에 보답하는 일에 쓰임 받는다는 것은 정말로 그 일 자체로 놀라운 축복입니다. 제가 전도를 포기하지 않고 더욱 열심히 하려는 것은 전도를 통해 주님께서 주시는 여러 축복보다도 이 축복의 가치가 무엇보다 귀하고 가장 크기 때문입니다.

다음은 물질적인 축복입니다.

저같이 다 늙은 노인네가 물질적인 축복이라고 받아봐야 누릴 것은 사실 없습니다. 또한 저는 이미 장사를 통해 한 번 성공을 했다가 알거지가 된 경험이 있기 때문에 물질의 풍족함이 얼마나 허무한 것이고 바람에 흩날리는 홀씨 같은 것인지 그 누구보다도 잘 알고 있습니다. 그나마 제가 감사한 것은 하나님께서 이 부족한 자를 사용하시려고 그저 제가 전도에 필요한 금액을 늘 부족하지는 않게 여러 가지 방법으로 역사하심을 통해 채워주신다는 사실 때문입니다.

제가 전도를 하기 위해 쓰는 돈들은 전부 제 손주들을 봐 주고 딸들에게 받는 양육비가 전부입니다. 물론 저는 전도를 위해 딸들과 사위들을 찾아다니며 많은(?) 돈을 요구했고, 또 딸들이 제시한 금액의 2배를 요구했습니다. 딸들의 고집 때문에 거의 포기한 상태였지만 하나님의 기가 막힌(?) 역사하심으로 결국 저는 목표한 돈을 받을 수 있었고 그로 인해 더욱 왕성한 전도 활동을 하게 되었습니다.

이 부분만 놓고 보면 어떤 분들에게는 엄마가 돼서 딸에게 돈이나 삥(?ㅎ) 뜯는 불량 엄마, 혹은 초자연적인 방법으로 한쪽 편을 드는 하나님의 이야기로 오해하기가 쉽습니다. 그러나 사실 최근에는 제 딸들 가족들이 오히려 더 많은 돈을 저에게 챙겨주고 또 교회를 위해 거금을 쾌척하는 등 이해할 수 없는 행동을 나서서 하고 있습니다. 그것은 저의 전도사역에 후원을 하면서 하나님께서 부어주시는 물질의 축복을 온 가족들이 분명하게 느꼈기 때문입니다. 그래서 지금은 가족들이 보육비 말고 오로지 전도에만 사용을 하라고 매달 상황에 따라 몇 십만 원씩 챙겨주고 있습니다.

솔직히 제가 딸들에게 돈을 달라고 한 건 일종의 강짜였습니다.

하나님 빽만 믿고 전도에 쓰게 필요한 돈 달라고 애들한테 떼를 쓴 거나 마찬가지였죠. 그런데 이렇게 떼쓴다고 부모한테 달라는 대로 돈을 줄 아이들이 몇이나 되겠습니까? 그런데 어찌됐든 제 딸들이 이렇게 준다고 하니 저로서는 너무 감사한 일이었습니다.

그런데 하나님께서 이런 순종의 모습을 귀하게 보셨는지 저의 전도 사역에 헌신하는 딸들의 사업이 갑자기 너무나 잘되기 시작했습니다.

딸의 가게는 구석진 곳에 있어 자리가 좋지도 않고 딱히 유동인구가 많은 곳도 아니었는데 어떻게 알고 오는지들 갑자기 주문이 미어터지기 시작했습니다. 아마 딸들이 생각해도 매우 이상한 일이었나 봅니다. 그리고 저의 사역을 후원하기 때문에 받은 축복이라고 밖에 생각할 수 없었는지 저를 찾아와 필요한 돈은 얼마든지 달라고 말하라고 하며 대신 자기들을 위해 기도나 정말 열심히 해달라고 했습니다.

저는 애들이 더 잘돼야 나한테 돈도 더 주고 그래야 전도도 더 열심히 할 수 있겠다 싶어서 매일 나가는 새벽기도와 일주일에 한 번씩 가는 기도원에서 자녀들을 생각하며 정말 목이 터지게 기도했습니다.

그러나 이런 자녀들이 받는 물질의 축복보다 더 중요한 것은 이런 과정을 통해서 자녀들이 하나님의 살아계심을 믿고 조금씩 더 신앙생활에 열심을 내고 헌신하기 시작했다는 점입니다. 하나님의 일에는 무조건 순종하는 것이 축복이자 기쁨이라는 것을 딸들과 손주들까지 모두 알고 또 아멘으로 순종하게 되었습니다.

최근에 우리 교회가 새로운 터로 건축을 하게 되었는데 문득 전도를 위해 좋은 생각이 떠올랐습니다.

'요즘 새집 증후군 때문에 말이 많은데 여기에 몸에 좋은 바이오 세라믹 가루로 교회 내부를 시공하면, 아이들 건강에도 좋은 교회라고 교회가 홍보가 되고, 그러면 젊은 엄마들이 관심이 생겨 한 번이라도 더 교회에 오지 않을까?'

그렇게 생각이 들어 더 자세한 정보를 알기 위해 '바이오 세라믹 가루'를 검색 해보니 새로 지은 집에도 바이오 세라믹 가루를 뿌리면 새집증후군도 사라지고 오히려 아토피나 천식이 있는 아이들에게 도움이 되어 건강에도 좋다는 내용들이 있었습니다. 그러나 너무 비싼 가격이 문제였습니다. 그래서 제가 자녀들을 불러 놓고 말했습니다.

"너희 지금처럼 축복 받은 게 다 하나님 덕인지 알지? 좋든 싫든 내가 전도하는데 후원을 하다 보니 축복을 받았다는 걸 너희도 알고 있을 거야. 그래서 말인데 이번에도 전도에 관련된 일에 도움을 좀 줬으면 좋겠다."

98

값은 잘 조정해서 산다고 해도 돈 천만 원이 훌쩍 넘어가는 금액이라 조금 걱정을 했지만 이미 한 번 순종의 결과와 불순종의 결과에 대해서 직접 체험을 했던 자녀들은 모두 일말의 망설임도 없이 자기들이 돈을 내겠다고 말했습니다. 이미 십일조 생활도 철저하게 지키고 있기에 부담이 될 수 있는 금액이었지만 다들 흔쾌히 승낙했습니다. 심지어는 다른 교회를 다니는 며느리도 자기도 전도하는 일에 도움이 되고 싶다고 찾아와 돈을 주고 갔습니다.

이렇게 자녀들의 헌신으로 인해 새로 지어지는 우리 교회는 지하부터 꼭대기까지 전층 전부 바이오 세라믹 가루로 시공을 할 수 있게 되었습니다. 그리고 지금까지 그랬듯이 이런 귀한 헌신으로 더 많은 영혼들이 하나님을 알게 되고 구원 받게 될 것이라고 생각합니다.

그리고 저는 이 경험을 토대로 '영권이 잡히면 물권이 풀린다!'는 깨달음을 얻었습니다.

"먼저 그 나라와 그 의"를 구했더니 정말로 "이 모든 것"을 더하여 주셨습니다. 이전에 세상의 성공만을 위해 달렸을 때는 그렇게 많던 재산도 하루아침에 모두 사라지고 가정까지 어려워지더니 이제 하나님을 위해 전도에 헌신하니 저뿐만 아니라 제 가족들까지도 주체할 수 없을 정도로 축복을 허락해 주셨습니다.

그랬기 때문에 처음에는 약속한 보육비도 주지 않으려고 했던 딸들이 이제는 자기들이 먼저 나서서 후원을 하고 또 철저히 헌금생활까지 지키고 있는 것 같습니다.

"영권이 잡히면 물권이 풀린다!"
꼭 기억하시길 바랍니다.

그러나 결코 물질의 풍요나 세상의 성공을 위해 전도가 행해져서는 안 됩니다. 하나님이 주시는 이 모든 축복은 부수적인 것이며 우리가 집중해야할 것은 오로지 영혼 구원, 그 목적 하나입니다. 다시 한 번 말하지만 전도는 정말로 그 자체만으로 하나님의 큰 축복입니다.

부족한 섬김으로 제가 전도한 사람들이 제가 베푼 것 같이 남에게 베풀고자 노력할 때...
그리고 다른 영혼들을 전도해 올 때...
호칭도 몰라 '할머니, 할머니' 부르던 사람들이 '권사님' 하고 부르며 권위를 인정해 줄 때...
시키지도 않았는데 먼저 십일조 생활을 하며 신앙의 테두리에 들어와 하나님을 섬길 때...
이런 것들을 목격하며 얻는 뿌듯함과 행복은 정말로 세상의 그 무엇과도 바꿀 수 없는 귀한 행복이자 자랑거리입니다.
지금도 열심히 전도하는 우리들에게 주실 하늘의 상급을 하나님

은 예비하고 계십니다. 저 역시 기도원에서 하나님을 체험하고는 땅의 상이 아닌 하늘의 상급을 바라보고 여생을 살리라 다짐했습니다. 그러나 전도라는 정말로 귀한 축복은 하늘나라에 가기 전에도 이미 충분한 행복과 보상을 맛볼 수 있는 귀한 축복의 행위라는 것을 하나님께서는 부족한 저를 통해 깨우쳐 주셨습니다.

이 축복이 우리들 삶 가운데에도 머물렀으면 좋겠습니다. 그리고 무엇보다 그 축복을 통해서 더욱 많은 사람들이 하나님을 알고 예수님을 믿게 되었으면 좋겠습니다.

하나님이 허락하신 귀한 축복을 통해 저는 다음과 같은 사실을 깨달았습니다.

1. 전도는 그 자체가 축복이다.

다시 한 번 강조하지만 전도는 고난을 받으면서도 할 만한 가치가 있는 놀라운 축복입니다. 구세주이신 예수님을 선하는 일에 참예하는 것은 무엇과도 바꿀 수 없는 귀한 특권이자 기쁨입니다.

2. 영권이 잡히면 물권이 풀린다.

먼저 전도를 위해, 신앙을 위해 살아야 성공이 의미가 있습니다. 반대로 지금의 성공과 더 나은 물질적인 보상을 위해 전도와 신앙을 뒤로 계속 미루는 것은 정말로 미련한 사람입니다. 먼저 하나님을 신경 쓰고 세상적인 모든 것은 하나님께 맡기십시오. 한 영혼이 천하보다 귀하니 그 귀한 영혼을 구하는 일에 전력을 먼저 다하십시오.

3. 하나님이 주시는 귀한 축복을 누릴 사람은 바로 나입니다.

전도를 통해 하나님이 주시는 축복은 전도를 해보는 사람만이 누릴 수 있습니다. 이 글을 통해서도 다른 사람의 간증을 통해서도 결코 누릴 수 없습니다. 하나님이 예비하신 귀한 축복을 전도를 통해 직접 체험하십시오.

5. 전도는
믿음의 유산이다

미국 조지아주립대학교 경제학과의 토머스 스탠리 교수는 '부의 세습'이라는 논문을 통해 다음과 같은 연구 자료를 발표했습니다.

"최근 20년간 생긴 미국의 백만장자 중의 80%는 중산층, 또는 노동자 출신이었던 사람들이다. 그들 대부분은 집안의 배경이나 도움이 없었다. 물려받은 유산으로 백만장자가 되고 또 유지한 사람들은 겨우 20%에 불과하다."

자수성가한 백만장자들은 모두 '근면, 성실, 정직, 용기, 신앙' 등을 자기가 받은 가장 소중한 유산으로 뽑았습니다. 한 마디로 돈보다는 좋은 습관과 정신이 훨씬 중요하고 실제적인 도움이 된다는 연구입니다.

저도 제 인생을 통해 배운 경험으로 이와 비슷한 생각을 가지고 있습니다. 그러나 좋은 습관과 정신보다 믿음과 신앙이 훨씬 중요합니다. 잘 보면 저뿐만 아니라 제 주위 사람들 중에서도 크게 성공했다가 돈으로 망하는 경우가 굉장히 많습니다. 또 망하려면 그냥 자기 혼자만 망하면 되는데 괜히 많은 돈 때문에 부모, 자녀, 친인척까지 얽혀서 완전히 엉망이 됩니다.

그러나 좋은 습관과 정신을 물려주면 돈이 없어도 성공을 합니다. 돈을 못 벌어도 사회와 세상에 꼭 필요한 사람이 됩니다. 한 발 더 나아가 믿음과 신앙을 물려주면 영생을 얻습니다. 그리고 그 영생은 나만 얻는 것이 아니라 자자손손 대대로 흘러나가며 부수적으로 넘치는 축복까지 받는 성공한 가문이 됩니다.

"주 예수를 믿으라 그리하면 너와 네 집이 구원을 받으리라 하고"(사도행전 16장 31절)

역사학자들이 영국의 유명한 목회자이자 나중에 프린스턴 대학교의 총장까지 지냈던 조나단 에드워즈의 후손들에 대해서 조사를 했습니다. 조나단 에드워즈는 사라 피어폰트와 결혼해 그 밑으로 880명의 후손을 됐는데 그 후손을 조사해 직업별로 구분해보면 대학 총장 12명, 교수 65명, 의사 60명, 성직자 100명, 작가 80명, 변호사 100명, 판사 30명, 국회의원 5명, 부통령 1명이 나왔습니다. 그리고 평범한 삶을 살았지만 끝까지 신앙인으로 아름답게 살았던 사람들

이 265명이었습니다. 그러나 조나단 에드워즈와 친했고, 평생 무신론자였던 초등학교 친구를 조사할 때는 전혀 다른 결과가 나왔습니다. 그의 후손은 조나단 에드워즈보다 2배 정도 많았으나 술과 마약에 중독된 사람, 범죄자가 매우 많았으며 성공한 사람이 아닌 평범하게 사는 사람의 비율도 10% 정도 밖에 되지 않았습니다.

조나단 에드워즈는 19살 때 하나님께 약 70가지의 내용을 서원했는데, 그것을 평생 지키며 살았다고 합니다.

그중 첫 번째 서원은 "나는 하나님의 영광을 위해서만 살아야 한다"이고, 두 번째 서원은 "다른 사람들은 어떻게 살든지 나는 무조건 이것을 지킬 것이다"였습니다. 그런 굳건한 믿음의 모습들이 분명히 자녀들과 후손들에게 대대손손 미치는 본이자 영향력이 되었기 때문에 그 가문이 저런 축복을 받았다고 저는 생각합니다.

물론 저는 조나단 에드워즈처럼 영적인 거장도 아니고 이제 겨우 윗대에서 시작한 미약한 가문의 시작일 뿐입니다.

저는 비록 직접적이진 않더라도 믿음의 시어머니가 주신 말씀을 통해 어려운 결혼생활을 버텨왔고 또 하나님을 만날 수 있게 된 간접적인 계기가 되었기 때문에 신앙의 본을 보이는 일이 얼마나 중요한지 저는 철저히 깨달았습니다. 게다가 이미 한 번 실패한 인생을 살았기 때문에 '신앙까지 실패하면 정말 끝이다'라는 절박함이 있었습니다. 그래서 제 신앙의 중심축인 전도만큼은 결코 어떤 상황에서도 포기하지 않았습니다. 그리고 특별히 집안에 식구를 들일 때도 매우 신경을 썼습니다.

일단 우리 큰사위는 일, 가정, 신앙 모두 흠잡을 데가 없습니다. 100점 만점을 줘도 부족함이 없는 멋진 사위입니다. 작은 사위 역시 여러모로 출중한 사람이었지만 아쉽게도 신앙이 없는 사람이었습니다. 다른 건 다 좋지만 가장 중요한 신앙이 낙제점이니 저로서는 용납할 수가 없었고 그래서 결혼을 한다고 딸이 데려온 사위에게 "교회 안다니면 절대로 내 딸을 못 주니 차라리 그냥 헤어져!"라고 매몰차게 대했습니다.

며칠 고민을 하던 사위는 평생 교회를 다닐 자신은 없었는지 딸에게 이별을 통보했고, 그렇게 두 사람은 헤어졌습니다. 그런데 헤어진 뒤에 딸이 다른 남자를 보여줬는데 아무리 봐도 영 눈에 차지가 않았습니다. 이번에는 신앙이고 뭐고 볼 새도 없이 무조건 반대를 했습니다. 내심 '아… 전에 만나던 사람이 정말 교회만 다니면 딱이었는데...' 라는 생각을 하고 있었는데… 낌새를 보니 둘이 다시 만나는 것 같았습니다. 여기서 타협을 할 수도 있었지만 저는 신앙만큼은 절대로 뒤로 물러서면 안 된다고 생각했기에 마음을 굳게 먹고 그 청년을 따로 커피숍에서 단 둘이 만났습니다. 그리고 솔직한 심정을 이야기했습니다.

"나도 자네 여러모로 마음에 들지만 그래도 예수님 믿지 않으면

결혼은 절대로 허락할 수 없다네."

그랬더니 앉은 자리에서 1시간 동안 묵묵부답이었습니다. 좀 교활하고 영악한 사람이었으면 일단 공수표로 그러겠다고 한 뒤에 자기 마음대로 살 텐데 그렇게 고민을 하는 것을 보니 참으로 진중한 사람이고 이후에 나올 대답을 믿을 수 있겠다는 생각이 들었습니다. 이대로 있다가는 카페 문 닫을 때까지 둘이 앉아있겠다 싶어서 조금 더 강하게 다시 한 번 물었더니 청년이 마침내 대답을 했습니다.

"예수 믿겠습니다. 결혼을 허락해 주십시오."

그 뒤로 결혼은 일사천리로 진행이 되어 바로 상견례를 하고 식을 올렸습니다.

둘째 사위도 백점 만점을 줘도 부족함이 없는 멋진 사위입니다. 이런 노력을 통해 지금은 제 딸들과 사위들, 손주들까지 모두 교회에 정식으로 등록해 신앙생활을 하고 있습니다.

성경에 보면 믿음의 유산을 물려준 어머니와 할머니가 나옵니다.

"이는 네 속에 거짓이 없는 믿음이 있음을 생각함이라 이 믿음은 먼저 네 외조모 로이스와 네 어머니 유니게 속에 있더니 네 속에도 있는 줄을 확신하노라"(디모데후서 1장 5절)

디모데는 바울의 귀한 동역자이자 믿음의 사람이었습니다. 그런데 바울은 이런 디모데를 만든 것이 외할머니 로이스와 어머니인 유니게로부터 나왔다고 말하고 있습니다. 그래서 저는 제 자식들과 손주들에게도 이런 믿음을 물려주고 싶었습니다. 그런데 나중에 알고 보니 이 믿음을 물려주는 가장 좋은 방법, 그리고 확실한 방법이 바로 전도였습니다.

제가 전도를 하는 곳은 대부분 손주들을 데리고 오며 가며 들리는 '어린이집, 유치원, 학교, 축구부, 교회, 아파트...' 입니다.

매일 같은 곳을 오며가며 제가 하는 것을 봤기 때문에 손주들은 이제 다른 어떤 사람들보다 저의 전도 방식에 대해서 잘 알고 또 함께 동역을 하고 있습니다.

제가 손자인 용석이 친구들을 만나면 항상 분식이고 빵이고 거하게 쏘는데, 그러면 때때로 용석이가 저한테 몇몇 아이들의 이름을 알려줍니다. 전도대상자들이니 각별히 신경 쓰라는 신호이고, 또 때로는 친구들 부모님에 대한 정보도 제공합니다.

제가 워낙에 아이들에게 잘 쏘고 또 할머니라 포근한 느낌이 드는지 이렇게 몇 번 만나면 아이들도 마음문을 열고 저에게 살갑게 대합니다. 그런데 용석이도 이런 저의 모습을 언제 보고 배웠는지 어느새 자연스럽게 제가 돈을 미리 맡겨놓은 분식집에 아이들을 데리고 가서 자기가 쏘며 교회로 인도하기 시작했습니다. 너무 기특하기도 하고 대견하더군요.

용석이는 어느새 학교에서 배려심 많고 친절하기로 소문난 아이가 되었습니다. 친구들이랑 놀면서 딱지를 따도 끝나고는 전부 나눠 줍니다. 또 때때로 집으로 친구들을 잔뜩 불러옵니다. 그러면 제가 떡볶이며, 피자며 맛있는 음식들을 잔뜩 해주는데, 용석이가 슬쩍 저에게 눈치로 신호를 줍니다. 신호를 준 아이가 전도 대상자라는 우리끼리의 사인입니다. 아이들이 가면 손자와 저는 믿음의 하이파이브를 하며 다음 계획을 세웁니다.

그렇게 할머니와 손자의 환상 콤비로 벌써 용석이 또래의 많은 아이들과 학부모들을 전도했습니다. 매주 찾아오는 사람들이 생길 정도로요.

한 번은 용석이를 기다리다가 용석이 친구인 아이를 보게 되어 아는 체를 했는데 그 아이는 저를 기억을 못하는지 경계를 했습니다. 오해를 사겠다 싶어 "나 용석이네 할머니야. 혹시 용석이 알아?" 라고 말했더니 대뜸 얼굴이 확 펴지면서 "용석이 할머니세요? 안녕하세요!"하며 꾸벅 인사를 했습니다.

저 못지않게 학교에서 이모저모로 베풀고 배려를 하니 '용석이 할머니'라는 이름 하나로만 아이들이 경계심을 풀고 환하게 맞아주었습니다. 보통은 할머니가 친구들에게 이렇게 잘해주면 자기 인기만 생각하거나 다른 아이들을 무시하고 깔보기도 쉬운데 용석이는 다행히 그런 환경을 통해 친구들을 주님께로 인도하는 엄청난 사명을 감당하고 있으니 정말 주님께 감사 밖에는 드릴 것이 없습니다.

또한 우리 귀한 손녀인 보명이 이야기도 빼놓을 수 없습니다. 보명이도 용석이 못지않게 벌써 주님께 귀하게 쓰임을 받고 있습니다.

제가 아파트 주민들을 만나며 인사하고 은근히 전도하는 것을 본 보명이는 한 발 더 나아가 아파트를 심방을 하며 직접 찾아다니는 전도를 했습니다. 처음에는 아는 사람 위주로, 그리고 자기 친구 위주로 찾아다녔는데 그 모습을 본 저는 기특하기는 했지만 사람들이 대수롭지 않게 여길 줄 알았습니다.

그런데 이게 웬걸!

막상 전도주일 때 보명이가 찾아다닌 사람들이 모두 교회로 찾아왔습니다.

순간 '아, 내가 아이들의 믿음을 과소평가 했구나. 애들이 나보다 더 낫구나' 라는 생각이 들었습니다. 나이에 상관없이 일단 실천하고 복음을 전하면 나머지는 정말로 하나님이 알아서 하십니다.

또 한 번은 손주가 다니던 영어학원의 원장님을 전도한 적이 있습니다. 여자인 영어학원 원장님은 참하고 성격도 괜찮은데 일이 너무 바빠서 늦게까지 결혼을 못하고 있었습니다. 교회도 예전에 다녔었다고 하는데 워낙 일이 바쁘다 보니 자연스럽게 다니지 않게 되었다고 합니다. 저의 예전 모습처럼 그냥 중심에 있지 못하고 겉도는 신앙이었던 거지요. 그런데 이런 원장선생님을 볼 때마다 보명이가 이렇게 말했습니다.

"원장님, 교회 나오세요. 우리 교회 나오셔야 되요?"

원장님은 으레 아이들이 하는 말이겠구나 싶어서 그냥 웃는 얼굴로 "응, 그래 꼭 갈게"라고 항상 인사치레로 했는데 보명이 입장에서는 굉장히 진지하게 한 약속이라 원장님이 약속을 안 지킨다고 굉장히 크게 상심하고 있었습니다. 제가 신경을 좀 써야겠다 싶어서 결국 원장님을 찾아가 상황을 설명했습니다.

"보명이가 원장님이 약속을 안 지킨다고 굉장히 많이 마음이 상해있어요. 물론 아이들 말이니 그러려니 하신 건 알겠지만 그래도 나온다고 약속도 하셨으니 아이 생각해서 한 번만이라도 나와 주시면 안 될까요?"

"저런… 그런 사정이 있었군요. 네, 알겠습니다. 꼭 교회 한 번 나가도록 하겠습니다. 보명이에게도 전해주세요."

원장님이 교회에 오기로 했다는 소식을 들은 보명이는 정말로 뛸 듯이 기뻐했습니다. 저는 목사님에게 대강의 사정을 설명하고 원장님이 교회에 오는 날 냅다 달려가 목사님에게 소개를 시켜드렸습니다. 목사님의 환대와 교회의 훈훈한 분위기에 감동을 받았는지 표정이 매우 좋아보였습니다.

그러나 제 생각과는 달리 교회에 계속해서 나오지 않았고 굉장히 드문드문 얼굴만 비추는 수준이라 인간적인 생각으로 실망도 많이 했습니다. 그런데 숯처럼 은근하게 신앙의 온도가 올라갔는지 조금씩 교회를 사모하는 모습이 보이기 시작했습니다. 그리고 정말 다행인 것은 교회에서 좋은 신랑감도 만나 결혼도 하게 되었습니다. 몰래 기도제목으로 하나님께 구하던 소원이었는데 응답해주셔서 저도 괜히 기가 살게 되었습니다. 지금은 아이까지 낳고 교회에 정식으로 등록해 잘 살고 있고 신앙생활도 잘 하고 있습니다. 한 사람을 전도 했더니 주님께서 보너스로 영혼을 2명이나 허락해 주셔서 한 때는 이 이야기를 정말 가는 곳마다 자랑하고 다녔습니다.

저는 정말 우리 집안이 믿음의 가문이 되기를 바랬습니다. 다행히 손주들이 저의 모습을 보고 자기들도 여러모로 전도를 하며 저보다 훨씬 충만한 믿음을 가진 것 같아 정말로 기쁘고, 가족들도 이제는 저의 전도사역을 이해하고 물심양면으로 지원을 해주니 정말로 천국이 여기인가 싶을 정도로 인생이 행복하고 즐겁습니다. 하나님께 맡겨놓고 하나님의 터전으로 사람들을 인도하면 분명히 책임져 주신다는 것을 우리 모두 깨달았으면 좋겠습니다.

손주들의 경우에는 제가 기도원에 어려서부터 항상 동행하며 데리고 다닐 정도로 신경을 썼습니다. 토요일마다 제가 예수님을 만난 천보산 기도원에 가서 기도를 했는데, 아이들을 돌보면서도 기도를 쉴 수 없어 애들 둘을 데리고 기도원에 다녔습니다. 하남에서 지하철에 버스에 또 버스를 타고 가야 돼서 매우 힘들었지만 그래도 그 일을 멈출 수는 없었습니다. 그렇게 제가 항상 아이들을 기도원에

데려가기 때문인지 손자인 용석이의 경우에는 밤에도 극동방송을 틀어놓지 않으면 잠을 못 잘 정도로 영성이 충만합니다.

처음 기도원에 아이들을 데려간다고 할 때는 딸들이 "공부 시킬 시간도 모자라는데 무슨 기도원이냐?"는 반응을 보였습니다. 저는 처음 양육비를 받을 때처럼 욱하며 화가 받쳐 올라 저도 모르게 또 소리를 질렀습니다.

"이것들아, 내가 니들 도와주는 거 다 하나님 위해 일 할라고, 전 도할라고 그러는거라고 말했지? 내가 고생고생해서 다 키워놨더니 지들은 지금 좋은 차 편하게 타고 다니면서, 내가 지하철에 버스 여러 번 타고 다니는 게 불쌍하지도 않아? 니들이 기도원 가는 날 애 볼 거야? 애 둘 데리고 사람 많은데 다니다 잃어버리면 니들이 책임 질 거야? 앞으로 토요일마다 애들 데리고 갈 택시비랑 식사비랑 내 놔! 안 그러면 나 애 못 봐!"(표현이 좀 거칠죠? 근데 우리 가족끼리 는 통하는 표현을 실감나게 한 거니 이해해주세요.)

버럭 소리를 질렀더니 저번 양육비 사건이 생각났는지, 아니면 진 짜 아이들 잃어버릴까봐 걱정이 됐는지 그날부터 매주 군말 없이 택 시비와 식사비를 포함한 10만원 씩을 저에게 줬습니다.

그러다 여러모로 승용차가 필요하다고 생각되어, 평소 성경책 맨 앞 장에 빨간색 승용차 사진을 붙여놓고 기도하다가, 기도원에 가면 손주들과 같이 "하나님, 빨간색 승용차를 빨리 주세요"라고 기도했습니다. 고사리 같은 두 손을 높이 쳐들며 기도하는 손주들에게 기도를 가르치기 위해서이고, "하나님께 기도하면 하나님께서 주신다"는 것을 보여주기 위해서였습니다. 계속 기도했는데, 하나님께서 응답해 주셔서 지금은 그 차를 타고 다니며 전도하는 축복도 주셨습

니다. 그래서인지 손주들은 "하나님께서 기도하면 하나님께서 주신다"는 믿음이 저보다도 큽니다. 전도에 필요한 것이 있으면 그것이 내게 크다고 생각되어도 기도하면, 하나님께서 주신다는 것을 나누고 싶어 말씀드렸습니다.

　　그렇게 아이들을 기도원에 데려다 놨지만 확실히 아이들이라 처음에는 집중을 못했습니다. 그렇다고 제가 억지로 예배를 드리게 한다거나 기도를 시키지는 않습니다. 그저 주님의 터전인 기도원에 온 것만으로 다행으로 여기고 모든 것은 주님께 맡기고 저는 전도 대상자들과 또 나라와 민족, 그리고 우리 교회를 위해서 열심히 기도를 합니다. 아이들은 마당에서 알아서 놀라고 냅둔 뒤에 기도가 끝나면 다같이 내려와 맛있는 것을 사먹고 집으로 돌아갑니다. 얼핏 보면 의미 없는 시간 같지만 그래도 이런 나름의 노력과 헌신이 있었기에 우리 손주들이 지금 저렇게 바르게 자라고 있다는 생각이 듭니다. 요즘도 교회 철야 기도회에 같이 가면 애들이 자발적으로 목사님한

테 맨 먼저 안수기도 받으러 강대상 쪽으로 달려가 맨 먼저 안수기도를 받습니다. 다른 분들한테 상당히 미안하지만 기쁘기도 합니다.

또 친손주 온유를 데리고 성지순례를 같이 간 적이 있었습니다.
크루즈 여행으로 매우 비싼 금액이라 잘 모르는 아이를 데려가서 뭐하냐고 많은 사람들이 말했지만 저는 믿음은 실천이며, 믿음대로 실천하면 주님께서 믿음대로 이루어주실 것이라고 믿었습니다.
떠나는 배안에서 크리스천 방송국의 피디가 저와 온유를 보고 인터뷰를 했습니다. "금액이 만만치 않을 텐데 아직 어린 손녀를 데리고 성지순례를 가는 이유가 뭐죠?"라고 묻길래 "보이지 않는 믿음을 심어주는 일이라면 돈이 아깝지 않아요. 하나님이 누구신지 어디에서 어떤 일을 하셨는지 손녀딸에게 꼭 보여주고 싶기 때문입니다"라고 대답했습니다.

그리고 이런 믿음대로 아이들이 커 가는 것 같아서 정말로 하나님께 다시 한 번 감사드리고 찬양과 영광을 돌립니다. 믿음만 물려주고 전도의 본을 보였을 뿐인데 저절로 지혜가 자라나고 복음을 전하는 일에도 솔선수범입니다. 다른 아이들 공부하고 학원 갈 시간에 전도하고 기도원 가고 성지순례를 갔던 우리 아이들은 공부, 운동 무엇 하나 세상적으로도 빠지지 않는 아이들로 자라나고 있습니다. 심지어 학교에서 골든벨 이벤트를 해도, 딱지치기를 해도 절대로 빠지지 않고 항상 1등을 하고 있습니다.

처음에는 저의 믿음 양육법에 조금 의문을 가졌던 딸들도 이제는 100% 저를 믿고 신뢰하며 하나님께 맡기면 모든 것을 해주신다는 것만큼은 확신하게 되었습니다. 그리고 오히려 아이들을 이렇게 키워줘서 고맙다고 이야기를 합니다.

"하나님께 순종하는 것이 축복이다"라는 걸 이제는 저희 가족 모두가 손주들까지 포함해서 깨닫고 또 실천하려고 노력 중입니다.

저는 인생의 가장 힘들고 비참한 순간에 하나님을 만나 변화되었습니다. 그리고 모든 것을 잃었던 제 인생에서 이제부터 생기는 모든 것들은 하나님을 위해 사용하겠다고 다짐을 했습니다. 오로지 교회와 기도원, 그리고 손주들 키우며 전도하는 것 외에는 시간도 돈도 쓰지 않았습니다.

적당히 아이들이 주는 용돈 받으면서 황혼을 즐길 수도 있었지만 전혀 신경도 쓰지 않았습니다. 저는 세상에서 이미 실패했기 때문에 신앙적으로도 실패하고는 도저히 살 수 없는 인간이 되기에 비록 가진 것도 없었지만 모든 것을 하나님께 올인했습니다.

하나님께 올인했더니 하나님께서 귀한 일에 저를 사용해주셨고 이제 세상적으로도 다시 역전을 하게 됐습니다.

지금까지 제가 이야기한 전도를 위해 일어난 모든 일들, 자녀들의

변화, 손주들의 성장은 제가 아무리 잘나고 애써봐야 인간의 힘으로 될 수 있는 일들이 아닙니다. 오로지 하나님만이 하실 수 있는 일입니다. 하나님의 말씀에 절대 타협하지 않는다면 세상의 방법이 아닌 하나님의 말씀대로 축복을 받고 잃어버린 영혼들을 돌아오게 하는데 쓰임 받는 기적들이 일어납니다.

나이가 들어서 할 일이 없다니요?
오히려 나이가 들었기에 할 수 있는 전도와 충만한 지혜, 그리고 막중한 책임이 우리에게는 있습니다. 저와 함께 작게나마 한국 교회의 부흥에 작은 불씨가 되고 주춧돌이 되는 할머니 전도자들이 일어섰으면 좋겠습니다. 전도는 나와 남뿐 아니라 우리 가문에도 도움이 되기 때문에 다음과 같은 사실을 우리가 꼭 기억했으면 좋겠습니다.

1. 전도가 가장 좋은 믿음의 본이다.
하나님께서 가장 기뻐하시고 신앙생활에서 가장 영향력이 큰 본은 전도의 본입니다. 말씀을 순수하게 믿는 어린 아이들이 전도의 본을 배우고 실천할 때 어른들은 생각할 수도 없는 다양한 방법으로 전도에 성공합니다. 직접 전도를 하는 것도 우리의 의무지만 그 전도를 통해 본을 보이고 믿음의 유산을 남기는 것은 더욱 막중한 임무입니다.

2. 하나님께 맡기면 하나님이 책임지신다.

세상적인 걱정에 시간을 뺏기지 마십시오. 하나님을 우선으로 놓고 섬기면 모든 것은 저절로 찾아오게 되어 있습니다. 학업, 직장, 재물에 하나님을 빼앗기지 말고 언제나 최우선으로 하나님을 섬기십시오. 하나님의 말씀에는 거짓이 없고 하나님의 말씀에는 타협점이 없어야 합니다. 불완전한 세상의 법칙에 나와 우리 가문과 인생을 맡기지 말고 확실하고 공고한 하나님께 맡기십시오.

3. 자녀들에게 물려줄 수 있는 가장 귀한 유산은 믿음이다.

돈보다, 좋은 정신보다, 좋은 습관보다 귀한 유산은 좋은 믿음입니다. 가족과 자녀들을 정말로 생각한다면 세상적인 자기계발에 머무르지 말고 먼저 믿음을 가장 중요한 덕목으로 세우십시오.

마지막으로 드리고 싶은 말씀은, 정말 저는 부족한 사람입니다.

그런데 주님이 하신 말씀 "내가 진실로 진실로 너희에게 이르노니 한 알의 밀이 땅에 떨어져 죽지 아니하면 한 알 그대로 있고 죽으면 많은 열매를 맺느니라"(요한복음 12장 24절)대로 제가 땅에 떨어진 한 알의 밀이 되어 아주아주 폭삭 썩어졌더니 싹이 나오고 열매가 맺더군요. 하나님께 영광 돌립니다.

제3부

할머니의
전도 2관왕

전도 3대, 이렇게 삽니다

전도 2관왕이 되다

"권사님, 축하드립니다. 전도 2관왕이 되셨습니다."

부목사님의 밝은 목소리에 수화기를 들고 있던 저는 그만 명해졌습니다.

전도 2관왕이라니?

2014년 4월, 기독교대한감리회 중앙연회가 수여하는 '전도왕' 상을 처음 받았을 때는 뭐가 뭔지도 모르고 상이라니까, 왕이라니까 그저 기쁘고 흐뭇한 마음이었습니다.

망하긴 했지만 사업도 해본 제가 겪어보니 한 영혼을 구원하는 전노기 사업보다 훨씬 더 재미집니다. 사람의 일은 망해도 하나님의 일은 망하지 않지요. 아니 망할 수가 없습니다. 실천할수록 열매가 열리니 그것보다 기쁘고 보람 있는 사역은 없더라고요.

1년간 전도한 인원수를 종합해 부목사님이 중앙연회에 보고를 하면 순차적으로 상을 준답니다. 손주 친구들의 가정 전체를 전도하다 보니 어느새 1년에 100여 명을 교회에 인도하게 됐더군요. 행복했습니다. 맨땅에 헤딩하며, 무에서 유를 창조하듯이 사랑을 전달하고 1관왕 상을 받아보니까 '아! 이렇게 하면 씨가 먹히는구나, 이때는 요렇게 사랑을 전하면 되는구나' 하는 감이 좀 잡히더라고요.

2년 후인 2016년에 또 다시 전도 2관왕 상을 받으니 기쁘면서도 부담감으로 마음이 좀 무거워졌습니다. 한편으로는 '이제 2관왕이 됐으니 3관왕에도 도전해봐야겠구나' 다짐도 하게 되고요. 70명 전도로 성적은 좀 떨어졌지만 전도 할머니로서 은근한 승부욕이 솟아나는 것 같았습니다. 여러 가지 생각과 더불어 감사가 솟아났습니다. 겹경사를 주시는지 얼마 후에는 큰딸도 청소년 부문 전도왕이 되었습니다. 손자 용석이와 손녀 보명이도 저의 든든한 동역자로서(그 아이들이 아니었으면 생각지도 못할 일이었죠) 할머니와 함께 전도하게 하시니 하나님께서 우리 가정을 들어 쓰시는구나, 이렇게 붙잡은 끈을 절대 놓지 말아야 되겠다고 마음먹었습니다.

"우리가 선을 행하되 낙심하지 말지니 포기하지 아니하면 때가 이르매 거두리라."

(갈라디아서 6장 9절)

새 일을 시작하겠구나

"권사님, 여기 따끈따끈한 책 나왔어요. 이제 어엿한 작가가 되셨으니 경사 났네요, 정말."

제 발 앞에 묵직한 소리를 내며 나란히 앉은 책 세 묶음. 있을 수 없는 사건이 내게 벌어진 것처럼 깜짝 놀랐습니다. 잠깐 동안은 나한테 벌어진 일이 아니라 다른 사람의 일처럼 느껴졌어요. 그러다가 정말 내가 이걸 했을까 싶어 눈물이 복받치더군요.

2014년 12월 31일, 정삼숙 사모님이 제게 주신 책을 보며 '이게 말로만 듣던 내 책이구나' 하고 책을 보듬어 안고 제가 잘 다니는 기도원에 가져갔습니다. 공동 저자 아니 진짜 저자인 하나님께 먼저 선을 보여드리려고요. 책을 받고 예언기도 하시는 조원만 목사님께서 축하해주시며 제게 이런 말씀을 해주셨어요.

"권사님, 하나님이 '이제 네가 새 일을 시작하겠구나' 하고 기뻐하시네요."

"네? 새 일이요? 나한테 새 일이 뭘까요?"

뜻밖의 말씀에 또 놀랐지요.

그러고는 거짓말처럼 바로 다음 날, 새해 첫날에 그 책을 들고 첫 간증집회를 하게 됐습니다. 목사님들이 설교하시는 강대상에서 저 같은 할머니가 간증을 할 거라고는 꿈도 못 꿔본 사람이 밀입니다.

첫 전도 간증은 문답식으로

제가 처음으로 간증을 하러 가게 된 곳은 부천에 있는 성만교회였습니다.

담임목사이신 장학봉목사님께서 목사님 10여 분이 소통하는 카카오톡 단톡방에 "우리 교회 권사님 책이 나왔는데 한번 세워주라"고 광고를 하신 덕분이지요. 그래서 초청이 돼 어떻게 하는 건지도 모르고 일단 순종하고 갔습니다.

그때는 철야예배라 큰 사위가 태워다줘서 같이 갔는데 '뭐부터 얘기해야 하나, 이걸 올라가야 하나, 안 올라가야 하나' 망설였습니다. 두렵고 난감했지만 그래도 어떻게 하겠습니까? 강단에 섰을 때는 너무 떨려서 기가 막히고 앞이 깜깜했어요. '이제는 어쩔 수 없구나' 하는 생각에 사람들 앞에서는 내 이야기를 하고 뒤통수로는 하나님 도와달라고 간절하고 급하게 기도했어요.

그리고 그동안 있었던 일을 그대로 얘기할 수밖에요.

그래도 버벅거리니 이찬용목사님이 옆에 서서 "어떻게 전도를 많이 하셨어요?"라고 물어봐주시면 대답을 하는 문답식으로 이야기를 풀어나갔습니다. 배려심 많은 프로 진행자와 아마추어 게스트의 토크쇼처럼 말입니다.

평범한 할머니의 살아온 이야기를 하면서 당시 상황을 얘기하다

가 욕도 섞게 되고 그래서 "미안하다" 그랬더니, 성안교회에서 몇 번 안면이 있던 이찬용 목사님은 저를 욕할머니라고 은근히 놀리면서도 편안히 대해주셨습니다.

간증을 마친 후에는 잘했다고, 성도들이 재밌어 하고 공감하는 반응도 좋았다고 격려해주셔서 휴~ 안도감이 들었습니다.

감사히 마치고 돌아오는 길에 사위도 한마디 거들어주었습니다.

"장모님, 오늘 뵈니 참 대단하십니다. 저도 가끔 영적으로 좀 통할 때가 있는데 앞으로 장모님의 영적 계보를 이어가야겠다는 생각이 들었어요. 다음 차례는 접니다. 기대해보세요."

정신없던 첫 간증 이후에는 신문에 실린 〈할머니의 전도법〉 기사나 또는 광고를 봤다, 책을 읽어봤다면서 간증을 요청하는 교회를 찾아다니게 되어 간증에도 차츰 기승전결과 발전이 있게 됐습니다.

광고를 보고 초대해준 화성시 양감면 감리교회는 제 고향이기도 하고 시골 교회 분위기가 참 좋았습니다. 성도가 많은 건 아니었지만 제법 탄탄한 교회였고 기쁘고 편안하게 다녀왔습니다.

서울 서초동 사랑의교회 전도부에서도 책을 읽어봤다면서 연락을 주셨습니다. 60대 이상 성도가 모이는 포에버실로 와달라고 해서 가보니 지하 1층에 800여 분의 할머니들이 앉아계셨습니다. 할머니들도 다 경청해주시고 반응도 좋았습니다.

"지는 기독교인이 아니있습니다. 크리스천인 남편을 만나 결혼히고 스물한 살 때부터 교회에 다녔지요. 주님을 믿게 되면서 하나님을 만나는 것보다 더 큰 복은 없다는 사실을 많이 느꼈습니다. 제가 전도를 사명으로 여기는 것도 이 때문이지요. 교회마다 할머니들이 많은데 개인의 신앙생활에만 전념하지 말고 전도에도 적극 나섰으면 합니다. 교회 부흥의 불쏘시개 역할은 할머니들께 달렸습니다."

'할머니들이 나서서 교회 부흥에 불쏘시개 역할을 해야 한다'는 대목에서는 전도에 대한 도전도 받으신 것 같은 상기된 표정이 보였습니다.

이후로는 가까운 구리의 면일교회, 하남 성민교회, 동탄 시온교회에서도 연락을 받고 간증의 여정을 이어가게 됐습니다.

청심환이 아니라 하나님 힘으로

"권사님, 저희 여의도순복음교회의 이영훈 담임목사님이 설교 시간에 〈할머니의 전도법〉 책 얘기를 하셔서 초빙했으면 하고 연락드립니다. 평일 예배에 간증해주시면 감사하겠습니다. 가능하실까요?"

여의도순복음교회의 어느 목사님이 교회로 연락을 했습니다. 가보니 과연 듣던 대로 예배당은 성도로 꽉 찼고 열기가 확 느껴졌습니다.

'아! 나 진짜 여기 선 게 맞지? 이제 죽어도 여한이 없다. 여의도

순복음교회에 한번 와본 적도 없는 내가 간증을 다 하러 오다니. 이거야말로 하나님 빽 아니면 있을 수나 있을까?'

기라성 같은 목사님들과 독실한 성도님들이 계시니까 정신 바짝 차리고 눈을 크게 떴습니다.

큰 교회니까 떨지 말고 더 잘해보자고 처음으로 청심환 물약을 한병 마시고 올라갔는데 점점 다리에 힘이 없어지고 금세라도 쓰러질 것만 같아서 '이게 뭐지? 나 왜 이러지?' 싶었습니다.

미리 준비한 대로 1번, 2번, 3번… 이렇게 나가야 되는데 순서에 맞지 않게 다른 말이 툭툭 튀어나오니 수습을 못 하겠더라고요.

'이렇게 하면 안 되는데…'

정신이 몽롱해지고 초점을 잃어가는 것 같아서 강대상을 붙잡고 기도했어요.

'하나님, 용서해주세요. 제가 제 힘으로 해보려고 해서 이렇게 됐나 봐요. 하나님이 주시는 힘으로 해야 되는데 더 잘하려고 청심환을 먹고 섰어요. 다시는 안 먹을게요. 용서해주세요. 주님만 의지할게요. 그리고 한 번만 저 살려주세요.'

그렇게 기도하면서 몇 분이 지나니까 하나님이 제 기도를 들어주시는지 다시 성령이 임재하는 듯 다리에 힘이 돌아오는 걸 느꼈어요. 그후 담대하게 내가 만난 하나님과 전도법을 전달해서 시간을 잘 활용했지요. 그 후부터 지금까지 저는 물 외에는 아무것도 안 먹고 하나님만 의지해서 강대상에 올라갑니다.

그때 이런 얘기를 했습니다.

"전도는 고무줄을 당기는 것과 비슷합니다. 교회에 나오라고 부탁하며 당기다 보면 끊어져 버리는 인연도 있지만, 교회에 나오는 사람들도 생기기 마련이지요. 그렇게 제가 건넨 전도의 끈을 잡고 교회를 찾아온 사람들을 마주할 때면 말로 설명하기 힘든 보람과 희열을 느끼게 되더군요…"

"…저의 전도비법이라면 '관계'라고 하겠습니다. 손주의 학부모들을 제 손주들처럼 여기며 살뜰히 챙기다 보니 전도에도 성공하더군요. 포천에서 농사짓는 사돈이 콩이며 고구마, 파… 등 농산물을 보내주시면 전도하고 싶은 학부모들에게 나눠드렸어요. 교회에 나오기 시작한 학부모들에게는 자주 식사를 대접하며 교회에 정을 붙일 수 있게 도왔고요."

5만 원으로 전도한 택시 아저씨

"이상해. 어쩌면 내 간증이 책으로 나올 거 같은데…"
제가 손주들을 맡아 키우며 택시를 이용하다가 친해진 단골 택시 아저씨한테 농담처럼 은근한 자랑을 한번 흘려봤습니다.

"하하하, 할머니도 참, 그럴 리가 있나요?"

아저씨는 그저 웃어버리시더라고요.

"아저씨, 저 너무 깔보지 마세요. 음지가 양지 되고 양지도 음지 되잖아요. 제가 하나님 만나고 새사람이 됐는데 그런 일도 생길 수 있지 않겠어요?"

그랬더니 더 크게 웃기만 하더라고요. 그럴리 없다는 뜻이겠죠.

"그럼, 내가 혹시라도 유명한 강사가 되면 어떻게 하실래요?"

"하하하. 그럼 제가 늘 모시고 다녀야죠."

그래서 제가 대뜸 못을 박았지요.

"그래요? 그럼 바로 지금 아멘 하세요."

"권사님이 간증하러 다니시면 저도 덕 좀 보고 하나님 복도 받아야 되겠네요. 기름 값만 받고 공짜로 태워드릴 테니 얼마든지 다니세요."

전에 우리 딸한테 '아멘'을 강요(?)했던 생각이 나서 '아멘' 하라고 했더니 "아멘!" 하더라고요.

"아멘 했어요! 아저씨!"

그러고는 1월 16일에 제 책을 가지고 가서 싸인을 하고 아저씨께 한 권 드렸습니다. 책을 받아든 아저씨는 깜짝 놀라시면서 그때 속으로는 '그럴 리가 있나?' 하셨다는 겁니다.

"아저씨, 저번에 아멘 한 거 기억하시죠?"

"그럼요, 남자가 일구이언 할 수 있겠습니까? 지켜야죠."

몇 년이 지난 지금까지도 아저씨는 제가 간증 초청이 돼 갈때마다 기름 값만 받고 저의 로드 매니저 역할을 충실히 해주고 계십니다.

제일 멀리까지 간 데는 전남 영광 백수읍의 한 교회였어요.

경기도 하남시에 있는 우리 아파트 지하에서 출발해 그날 간증을 마치고 돌아오니까 74만 원쯤 나왔어요. 가슴이 벌렁벌렁했죠.

'74만 원을 다 드리자니 강사료가 30만 원이고, 헌금 드리고 뭐하고 나면 돈이 많이 부족한데 어떻게 하지?'

그래도 일단 밀고 나가보기로 했습니다.

"아저씨, 얼마 드릴까요?"

"그냥 15만 원만 주세요."

"아니, 톨비도 있을 텐데 15만 원이면 어떻게 해요?"

"아니에요. 집사람한테 6만 5천 원 주고 기름 값하고 톨비 해서 15만 원이면 돼요."

"아이고, 그럼 안 되죠. 오늘 하루 종일 일하셨는데…."

"저 오늘 소금 한 가마니 얻었잖아요."

그곳의 교회 사모님이 저와 기사님께 소금과 영광의 특산물 모싯잎 떡을 주셨지만, 미안하고 고마운 마음에 5만 원을 더해서 20만 원을 드렸더니 마음 좋은 아저씨는 흡족해하셨습니다.

나중에 우리 교회의 전도축제 때 오셔서 예배도 드리고 식사도

하시면 5만 원 드리겠다고 제안했더니 드디어 같은 교인이 되어 꾸준히 출석하고 있습니다. 제가 간증집회에 갈 때마다 늘 제 앞에서, 옆에서 동행해주니 든든하고 감사합니다. 5만 원으로 교회로 인도하고 동역자도 되었으니 이만하면 참 대단하지 않습니까?

방송 출연과 미디어 전도

2015년 CBS TV「새롭게 하소서」팀에서 교회로 연락을 줘서 난생처음 방송국에 가보니까 환한 조명 아래 앞에서는 커다란 카메라가 왔다 갔다 하고, 옆에서는 잘생긴 진행자(김학중목사와 탤런트 전혜진씨)가 보여서 바짝 얼었습니다.

'여기서 넘어지면 안 되고 여기서 잘 못하면 안 되지. 고지에 다 왔는데 잘 넘어가야지' 하는 마음이 들었습니다. 같이 가주신 정삼숙사모님과 나침반출판사 김용호대표님도 저한테 "권사님, 카메라만 보세요. 아래는 쳐다보지 마시고요"라고 코치도 하고 계속 응원해주셨습니다.

산전수전 공중전을 치른 배짱을 부려보기로 했지요.

저의 전도 일상을 소개하는 영상이 먼저 나가고 두 진행자분들의 진심어린 공감과 이끎 덕분에 1

CBS-TV 새롭게하소서
저자 출연 동영상 보기

시간 동안 편안하게 대화하며 녹화를 마치고 돌아왔습니다.

"딸과 며느리 비슷한 또래인 학부모들(처음엔 나를 시어머니 급으로 보고 가까이 안 했죠)이랑 손주뻘 아이들과 허물없이 어울리기까지 제게 필요한 건 젊은 옷차림과 카톡 활용, 할머니 냄새를 지울 향수였습니다. 옷차림이 달라지니 마음가짐도 젊어지고 바뀌더군요. 유행하는 신조어도 배워서 써먹으며 대화에 참여했지요. 아이들 전도로 시작해 학부모 전도 그러다 보니 한 가정이 전부 교회에 나오게 됩니다. 줄줄이 굴비 엮이듯이 말이죠. 한참 밀고 당기며 견주게 하다가 한 큐에 해결해주시는 하나님이 참 놀라우십니다."

5월 4일에 방송된 이 영상은 유튜브(www.youtube.com)에도 '할머니의 전도법'으로 올라갔고 조회수도 상당히 높아져서 덕분에 간증 요청도 늘어났습니다.

이후 2016년 9월쯤 CTS TV 뉴스의 한 기자가 연락을 했습니다.

「어떻게 하면 우리나라에서 전도를 잘할 수 있을까?」 생각해보는 시간을 시리즈로 기획하고 있다고 하더군요.

'다음세대 연중기획: 전도, 다음세대에 도전하라'에 처음엔 전도왕 가족 소개, 다음에는 온 가족의 전도를 주제로 해서 촬영하자고 제안했습니다. 친정엄마의 마음으로 전도하는 전도왕 할머니가 가족을 전도해서 손주까지 3대가 같이 전도하는 모습을 먼저 방영하고 이후에 용석이가 전도한 민규네 가족도 소개하겠다는 계획도 귀

띔해주더군요. 멀티미디어 세상에서 하나님을 홍보하는 법은 참 무한합니다. 방송 출연이 이어지니 러브콜도 계속 이어졌지요.

CTS-TV 전도 특집
저자 출연 동영상 보기

대구 순복음교회와 팔공산 할머니

특별히 기억에 남는 교회는 대구 순복음교회입니다.

참 멋진 목사님과 사모님 두 분이 일개 할머니인 저를 유명 강사 모시듯 깍듯이 대접해주시니 부목사님들도 한 줄로 도열을 해서 마치 대통령이 되어 지나가는 듯 기분이 굉장해졌습니다.

철야예배를 드렸는데 목사님이 굉장히 은혜 받았다고 하면서 제게 2년에 한 번씩 와달라고 하셨지요.

밤 11시쯤 마치고 KTX 타는 곳까지 데려다주시며 역사 안까지 들어오셔서 인사를 해주셨습니다. 극진한 마음에 감동해서 그런지 저도 모르게 뜨거운 눈물을 흘렸습니다. 그런 따뜻한 환대와 환송의 기억은 지금도 잊지 못합니다.

'나 같은 할머니한테 이럴 수가 있을까? 정말 전도가 최고로구나! 하나님 나라 일을 하니까 하나님이 상 주시는구나' 싶어 감격스러웠습니다. 저도 이렇게 대접받았으니 남도 이렇게 대접해야겠다는 본을 배워왔지요.

그 교회에서 저처럼 딸네 집에서 손주들 키워주는, 팔공산의 기를 받아 부처님한테 절을 해야 된다는 할머니 한 분을 생각지 않게 만났어요.

"제발 저한테 전도만 하지 마세요. 교회 다니라는 말만 들으면 머리가 아파요"하는 그분과는 미운 정(?)이 들었는지 기도도 하고 가끔 왕래도 하고 지냅니다. 부처님의 자비보다 하나님의 사랑이 더 크다는 걸 체험하는 날이 속히 오도록 기도하고 있습니다.

청소년 전도왕 큰딸의 생활 전도법

"진영아, 큰딸 너는 어떻게 전도를 했니?"

"엄마가 하는 방법 그대로 했어요. 그게 비법이잖아요? 엄마의 전도법이 팍팍 먹히던데요."

엄마가 하는 전도법대로 전도 대상자에게 사랑을 줬더니, 그 사랑에 힘입어서 어느 날 전도가 됐다고, 엄마 방법으로 해봤더니 저절로 전도왕이 됐다는 겁니다.

큰딸은 서울 종암동에서 살 때 사업에 어려움을 겪었습니다. 엄마와 같은 교회 다니자고 권유해도 처음에는 자기 자아를 안 깨트려서 자기 멋대로 해보려고 애를 썼지요.

"일단 내가 선택해서 다녀보고 싶어요. 다른 교회도 좀 다녀본 다

음에 갈게요."

"그럼 알아서 해라."

그러다가 우리 교회에서 설교를 들어보고 괜찮으니까 두 부부가 합의해 엄마와 같은 교회에 다니겠다고 해서 그러자고 했습니다. 리더십도 있고 유머도 많습니다. 40대 초반인 큰딸은 시집을 늦게 가서 자녀들이 아직 초등학교 저학년입니다. 큰딸의 전도 대상은 주일학교 교사로 섬기는 중고등부 아이들이고요.

딸은 금방 중고등부 교사를 맡아서 아이들과 어울리며 열심히 하더라고요.

큰딸은 1년 동안에 청소년 수십 명을 전도하고 열 몇 명을 학습세례 받게 해서 청소년 부문의 전도왕 상을 받았습니다.

딸은 나보다 고수였고 강도도 높았습니다.

딸아이는 중고등부 아이들 하고 극장 구경도 가고 볼링도 치고 집으로 데려와서 떡볶이도 해주고 삼겹살도 구워 주며, 아예 생활을 같이 하는 경지였으니까요. 저보다 더 사랑하고 섬기더라고요. 저는 대상자를 찾아가서 주는 전도를 했는데, 딸네 부부는 아이들을 집으로 데리고 와서 먹이고 재우기까지 했습니다. 어린이집도 아니고 청소년집을 차린 셈이지요. 부부는 일심동체라고 사위도 주방에서 요리 사역(?)에 적극적이었습니다.

나는 사랑을 주는 걸로 해서 데리고 왔는데, 딸애는 정말 전천후

생활 전도자로 헌신하는 모습이었습니다. 물심양면으로 훨씬 더 힘들고 공을 들여야 하는 고난이도 방법이지요.

나와 세대가 다른 딸을 보니 전도의 방법도 더 다양하고 즉각적이었습니다. 우리는 할머니니까 할머니의 말투로 느리게 대화하고 전화하지만, 젊은 아이들은 카톡이나 짧은 메시지로 빠르게 주고받으니 더 잘, 더 자주 통하는 것 같았습니다. 할 얘기도 많고 서로의 일상도 잘 알고요.

애들을 전도하려니까 그 아이들 눈높이로 맞춰주고 소통하는 딸이 저보다 확실히 한 수 위입니다. 하나님이신 예수님이 인간 세상으로 내려와 인간의 언어로 복음과 사랑을 가르쳤듯이 말입니다.

제 간증 책이 나오기 전에는 내가 전도왕이 됐고 책이 나온 후에는 큰딸이 전도 2관왕이 되어 2배의 기쁨을 주셨는데 다음 해에 제가 다시 전도왕 상을 타니 만루 홈런을 친 것 같은 기분이었습니다. 책이 나온 2015년 그 해에 간증을 40여 군데 다녔고 그 이듬해에도 40여 군데를 다니게 됐습니다. 그동안 장학봉 목사님과 함께 하와이에 있는 교회도 가고 LA의 네 군데 교회에서도 간증을 했습니다. 영광이면서도 기적이었지요.

'이 중에 한 사람이라도 내가 필요한 분이 있어서 나를 여기 세우셨겠지.'

목사님이 초심을 잃지 말라고 격려해주시니 항상 본연의 자세에 어긋나지 않으려고 노력하며 간증 후에는 '잘했나? 못했나?' 자문하면서 되새겨보곤 합니다.

저는 혼자 잘 믿는 크리스천이 아니라 한 영혼이라도 더 하나님을 만나게 해주는 통로가 되기를 바랐습니다. 병아리가 알을 깨고 나오듯이 내 간증을 듣고 성령의 감동과 은혜를 받아서 하나님을 만나는 조촐한 길이 됐으면 하는 마음이었습니다. 간증을 마치면 성도님들이 손도 잡아주시고 은혜 받았다고, 감사하다고 인사해주시니 쉬지 않고 길을 떠나게 됩니다. 그냥 '죽으면 죽으리다' 하고 불러주시면 다 다녔지요. 기쁜 것은 우리 손주 용석이와 보명이도 초등학생임에도 전도왕이 되겠다고 기도하며 열심히 나와 함께 전도하고 있습니다.

제게 건강과 동역자 주시고 세상 일이 아닌 천국의 일을 하게 해주신 주님의 선하심과 인도하심을 찬송합니다!

특송, 전도 할머니의 손녀

100년이 넘은 거제도 오포교회에 간증하러 갔을 때의 일입니다.

10월 초라서 날씨도 청명하고 하나님이 주신 보너스 여행이라고 기뻐하면서 큰딸이 운전하고 내려갔지요.

교회는 아파트 단지 안에 자리했는데 도착하니 가을비도 촉촉하게 내려서 분위기도 더 고풍스러웠습니다. 그런데 갑자기 초등학교 3학년짜리 보명이가 대뜸 "나는 이 교회에서 찬양을 한번 해야겠다" 하는 겁니다.

저는 그냥 흘러가는 소리려니 하며 '재가 웬일이래? 무슨 일이지?' 하고 있는데 큰딸이 한쪽으로 보명이를 데리고 가서는 달래더라고요.

"여기는 할머니 간증하러 왔어. 너는 하는 거 아니야."

"아니야, 이모. 나도 할 수 있어. 나도 할래."

어디서 그런 용기가 났는지 아이가 벌써 담임 목사님께 여기서 찬양할 테니까 한번 허락해달라는 부탁도 해버렸습니다. 목사님이 살짝 당황하셔서 할 수 있겠냐고 물으셨지요.

"저 서울 극동방송 어린이 합창단원이거든요."

"그럼, 무슨 찬양을 할 거니?"

"교회에서 배운 찬양을 하나 할게요."

저는 목사님께 양해를 구했습니다.

"죄송합니다. 어떡하죠?"

그랬더니 목사님이 너그럽게 포용을 해주시더군요.

"하하, 여기까지 가족이 오셨는데 손녀가 특송을 한 곡 부르고 나면 권사님 간증을 하시지요."

손녀의 찬양과 할머니의 간증이라는 화려한 컬래보레이션(협업) 덕분이었을까요? 기적 같은 일이 벌어졌습니다. 그날은 정말 하나도 안 떨리더라고요. 특송을 마친 보명이도 앞에 앉아서 간증이 끝날 때까지 움직이지 않고 가만히 있었습니다. 간증하는 동안 큰딸이 간간이 나와 성도들의 사진을 찍어주고요.

집회 후에 보명이가 그러더군요.
"하나님이 찬양하라고 했으니까 찬양해야 돼요. 할머니, 나 잘했죠? 실수하지 않았죠?"
저는 사실 아이를 대견해하면서도 오금은 떨고 있었거든요. 혹시라도 실수하지 않을까해서요. 신기하고 즉흥적인 검증을 거쳤으니 할머니와 손녀는 훌륭한 콤비로, 간증 동역자가 된 셈입니다.
거기서 용기와 지혜를 얻은 저는 우리 교회에 와서 지휘자님한테 두 곡만 가르쳐 달라고 부탁을 드렸습니다.
"혹시 급할 때 아이를 데리고 가서 찬양 사역을 해야 될 것 같아요."
그랬더니 흔쾌히 여러 곡을 마련해주셨습니다.
손주 자랑은 돈 내놓고도 한다는데… 손주들의 활약도 컸습니다.
한번은 보명이랑 잠실 교보문고를 갔는데 아이가 컴퓨터 앞에 가서 '할머니의 전도법'을 탁탁 치더니 깜짝 놀라면서 "책 나왔다, 박순자 할머니가 여기 있다"는 겁니다.

'아, 나 이제 죽어도 여한이 없구나. 사람은 죽어서 이름을 남기고 호랑이는 죽어서 가죽을 남긴다더니… 정말 전도 외에는 다른 길이 없구나.'

책이 나오고 나니 용석이의 보이지 않는 파워가 느껴졌습니다.

"할머니, 내가 안 도와줬으면 할머니가 전도를 어떻게 100명씩 했겠어요?"

"맞아. 용석이 아니었으면 할머니가 못하지."

"그러니까 할머니 저한테 잘하세요."

보명이도 질세라 맞장구를 칩니다.

"할머니, 나도 전도 많이해서 책 쓸 거야. 내 책도 나올 거야."

극동방송 어린이합창단과 유학

저는 극동방송을 종일 틀어놓고 자기 전에만 끄는 편인데, 어느 날인가 서울 극동방송 어린이 합창단원을 모집한다는 광고가 제 귀를 확 잡아끌었습니다. 광고를 듣자마자 전화번호를 메모해놓고는 바로 전화를 걸었습니다.

"학생 모집 하죠, 여기는 하남시인데 갈 수 있을까요?"

다 된다는 말에 대학 합격 소식만큼이나 기뻤습니다. 사모님한테도 말씀드렸더니 크게 기뻐하면서 호응을 해주셨지요.

"권사님, 거기 들어가기가 무지무지 어렵데요."

하남시에서 서울 극동방송이 있는 상수동까지 시간도 제법 걸리고, 주변에서 둘이 다니는게 낫겠다 조언하셔서 용석이랑 보명이 둘다 데리고 갔습니다.

오디션을 거치고 우여곡절 끝에 두 아이들은 합창단에 입단을 하게 됐고, 먼 길이지만 열심히 연습했습니다.

그러다가 용석이가 중국 유학을 갔습니다.

거기서 용석이는 민규를 만나 친하게 지냈는데 용석이는 수업 진도를 맞추기 어려워서 한국에 나와야 될 상황이었지요.

용석 엄마와 민규 엄마는 자식들 때문에 엄마들 단톡방을 통해 알게 되었습니다. 민규 엄마는 방과후 학교에서 국악을 가르치는 선생님이었는데, 작은 딸 지혜가 먼저 수산시장에서 만나자 해서 회를 대접하며 동병상련의 처지를 위로하고 울고 짜면서 서로 하소연하는 자리에, 전도 작업을 담당해줄 든든한 지원자 사모님도 모시고 카페에서 뭉쳤습니다.

민규 엄마는 중고교 때 잠깐 교회를 다녀본 적이 있었다고 해요. 타이밍도 좋고 같은 처지의 엄마끼리 만났으니까 용석 엄마 지혜가 먼저 말을 꺼냈어요.

"언니, 우리 이참에 교회나 같이 다녀요. 언니는 꼭 교회를 다녀야 될 것 같아."

사모님도 아들을 통해서 교회를 다니라는 분명한 사인이니까 빨리 알아채고 따라야 된다고 거들었지요. 수긍하는 민규 엄마를 보며 '설마 빨리 올까?' 의구심도 살짝 들었답니다. 그런데 민규 엄마는 당장 교회에 오겠다 하고, 남편이 출장 중이니 다다음 주일에 같이 와서 등록하겠다고 하고는 헤어졌습니다. 두 부부는 약속대로 크리스마스에 새 신자 등록을 마쳤지요.

(나중에 알고 보니까 5학년짜리 민규가 엄마 구원을 위해서 그렇게 기도를 많이 했다는 겁니다. 오죽하면 민규네 학교에서도 "민규는 목사가 될 앤가 보다" 그랬다는군요. 기도는 연약해 보여도 쌓이고 쌓여서 가장 적절한 때에 역사하나 봅니다.)

용석이 전도의 열매였습니다.

"세상에! 용석이는 중국에 가서도 전도하는 걸 보세요!"

우리는 하나님이 계획하신 일에 놀라 한목소리로 탄성을 질렀습니다.

민규 엄마는 열정의 사람이었습니다. 교회에 오자마자 1월 2일 첫 주부터 "전도 할 때 같이 나가도 되냐?"고 저한테 물어보더군요. 등록한 다음 주부터 부부가 바로 신시가지를 향해 승합차를 타고 전도를 나갔으니 진도가 빨라도 이만저만이 아니었습니다.

그런데 하필 모양 빠지게 전도용 교회 차량이 오래돼 낡아서 오

가는 길에 소음이 많이났습니다. 그 순간에 민규 엄마한테 '아, 내가 교회에 차를 하나 헌물해야 되겠다'는 마음이 생기더랍니다. 그런데 그때 민규 아빠가 옆에서 "여보, 교회 차가 너무 오래된 것 같은데 우리가 새 차를 헌물했으면 좋겠어" 하더랍니다. 민규 엄마는 너무 놀라며 "여보, 나도 지금 같은 생각을 했는데…"라고 답했습니다.

그 말을 전해들은 사모님은 이런 생각이 들었다고 합니다.

'이거 어떡하면 좋지? 이제 막 교회에 온 사람이 천천히 커야 하는데 덜커덕 차 사놓고 혹시라도 시험 들면 난감한데… 어떡하나? 성령이 시키신 건 좋은데 너무 급해도 그러네. 서서히 믿음이 들어가야는데…'

사실 사모님도 저도 놀라고 살짝 걱정이 앞서기도 했는데 초고속 급으로 동작 빠른 부부는 생각지 않게 어디서 1,000만 원이 들어왔다면서 딜러를 불러 차 선금을 걸고 12인승 스타렉스를 사왔습니다. 교회에 나온 후 방과후 학교 수업 이외에도 강의가 좀 늘었으니 할부금은 낼 수 있다면서요. 신실한 두 부부는 지금 성가대에 앉아서 좋으신 하나님을 찬양하며 주님을 열심히 섬기고 있습니다.

놀라운 일입니다. 믿다가 그만둔 지 20년 된 민규 엄마를 그렇게 불러주시는 일이 말입니다. 해금 연주 달란트로 서울 극동방송 어린이합창단 찬양 녹음에도 기꺼이 참여하면서 뒤늦은 충성을 다하는 모습이 참 아름답습니다.

용석이는 한국으로 돌아오자마자 하나님께서 예비해 놓으셨는지 장학봉목사님을 통해 홍천에 있는 전인기독학교에 편입해 선생님들의 칭찬을 받아가며 신나게 공부하고 있습니다. 그리고 매주 토요일마다 4시간씩 아버지가 운영하는 수산시장 가게에서 장화 신고 고무 앞치마 입고 열심히 아르바이트를 해서 그 모은 돈으로 주님의 일에 모두 헌금하고 있습니다. 초등학교 5학년이 얼마나 예쁜지요! 역전의 하나님을 찬양합니다.

"예수께서 이르시되 너희가 성경에 건축자들이 버린 돌이 모퉁이의 머릿돌이 되었나니 이것은 주로 말미암아 된 것이요 우리 눈에 기이하도다 함을 읽어 본 일이 없느냐"(마태복음 21:42).

"그 잃어버린 자를 내가 찾으며 쫓기는 자를 내가 돌아오게 하며 상한 자를 내가 싸매 주며 병든 자를 내가 강하게 하려니와"(에스겔 34:16).

보명이는 찬양 선교사

지금은 초등학교 4학년인 보명이도 처음에는 어린이합창단 적응을 잘 못했습니다. 아무래도 할머니가 데리고 다니다 보니까 젊은 엄마들보다 정보도 느리고 아이들과 섞이는 일에도 느렸지요. 그러다

한 2년 지나 성품 훈련도 잘되고 2017년 5월에는 미국 공연을 다녀오고 나서는 자신감도 생기고 자부심도 커진 것 같았습니다. 어느 날은 이렇게 말 아니 선포하더군요.

"할머니, 저 미국에서 양로원하고 보육원에 공연하러 갔는데 거기서 하나님을 만났어요."

"그래? 하나님을 어떻게 만났니?"

"아침에 일어났는데 갑자기 이런 음성이 들렸어요. '내 딸아, 너는 찬양 선교사야' 또렷하게 들린 그 목소리에 주르륵 눈물이 흐르고 마음이 많이 기뻤어요."

학교에서도 보명이가 찬양하면서 감격의 눈물을 글썽이는 모습을 보니까 '내가 큰 복을 받았구나' 싶어서 무척 감사했습니다. 극동방송에서 저와 보명이, 용석이 셋이 공동으로 간증하라고 해서 두 번쯤 소규모로 하기도 했습니다.

거기서 만난 경북 영천에서 오셨다는 어느 할머니의 따님이 그러더라고요.

"우리 엄마가 전도를 하고 싶어서 그렇게 애를 쓰는데 극동방송 어린이합창단 단원 할머니 중에 전도를 많이 하는 할머니가 계시다고 말씀드렸더니 권사님을 만나러 서울로 오시겠데요."

그 자모는 어머니가 올라오셨다면서 인사를 시켜줬습니다. 그 할머니가 전도 잘하는 방법을 알면 좋겠다고 그래서 제가 책을 드리고 얘기도 나눴지요. 지금은 친해져서 서로 소식도 전하고 지내고요.

미사리 게스트하우스의 탄생

'밑져야 본전이고, 안 되면 말지 뭐.'

기도원에서 서원한 대로 가진 돈을 전부 전도하는 데 올인하고 나니, 어떤 때는 마음 상하는 일이 있어서 '내 집이 하나 있었으면 좋겠다'는 소망을 슬며시 품게 되더군요. 아무것도 가진 게 없었으나 편한 마음으로 하남 LH공사에서 하는 임대아파트 입주 신청을 덜컥 했습니다. LH공사에 직접 가서 했으면 2년마다 재계약하는 아파트가 됐을텐데 동사무소로 가서 신청했더니 그건 영구 임대아파트였습니다(돌이켜보니 아예 모르고 간 그 발걸음을 하나님이 인도하셨더군요).

동사무소에서도 할머니는 자녀들이 잘살아서 안 될 거라고 그랬는데 전 그냥 마음에 드는 집으로 골랐지요. 그랬더니 할머니는 안 되니까 문도 없는 방을 하라고 권유합디다.

"안 돼도 내가 안 되는 거니까 이걸로 주세요."

그랬더니 어쩔 수 없이 제가 원하는 집으로 동그라미를 치더라고요. 직원은 되지도 않을 것을 우긴다 싶었는지 나를 딱하다는 듯 쳐다봤습니다.

'더 어려운 사람들도 많은데 할머니도 참…'

이런 표정이었습니다.

등록을 9월쯤에 했는데 10월 발표 날에 문자가 왔습니다.

딩동 '80번 예비 당첨자에 당첨됐습니다.'

예비번호 80번이 됐다는 문자에 저도 뛸 듯이 기뻤지만 나보다 용석이 엄마가 더 기뻐했어요. 8번도 아니고 80번이니까 아예 기대도 안 했나 봅니다. 저도 안 되면 다른 동네로 가야겠다고 생각하던 참이었고요.

문자를 보자마자 저는 또 하나님께 기도했습니다.

'하나님, 저는 고소공포증이 있어서 30층짜리는 주셔봤자 갈 수가 없어요. 저 중간에 주세요. 그리고 집이 좁으니 복도 끝으로 가야 문도 열어 놓고 지낼 수가 있어요. 그러니까 1라인을 주세요.

기도한 대로 1라인 선에, 중간인 11층이 딱 걸렸습니다. 한강이 가까운 미사지구지만 한강은 안 보이고 탁 트인 운동장이 보여서 시원하고요. 기적 중에 기적이 또 일어났으니 딸이 한바탕 춤을 추고 난리가 났지요. 며칠까지 돈을 내라고 하는데 "나는 돈이 없는데… 어떻게 하나?"니까 용석이 엄마가 돈을 해주더라고요. 입금 늦으면 안 된다고 할머니가 못 할까 봐서 보명이 엄마가 바로 송금하고 함께 감사했습니다.

1월 1일인가 목사님이 심방예배를 오신다는데 방이 하나라서 좀 창피했지만 용기를 내서 장학봉목사님께 제안을 드렸습니다.

"목사님, 전도사님들이나, 전도대원들이 아파트 주민 전도하다가 화장실도 가야 되고 잠깐씩 쉴 공간도 필요할 테니까 이곳을 마음껏 쓰세요 그리고 전도 대원들이 아파트를 출입하기도 좋구요."

임대아파트를 얻게 됐지만 저는 딸네 집에서 자니까 교회 일군들이 전도하러 나오면 잠깐 씻기도 하며 라면이라도 끓여 먹을 수 있는 휴게실로도 쓰면 좋겠다 싶은 마음이었지요. 그랬더니 목사님의 반응은 좀 달랐습니다.

"권사님, 여기를 강사 숙소로 하면 딱 좋겠습니다."

"아이고, 목사님 같은 분들이 어떻게 이런 데를 들어오세요?"

"이 정도가 딱 좋아요. 방이 너무 커도 안 돼요. 호텔은 몇 십만 원씩 들잖아요. 여긴 교회랑 5분도 안 걸리니까 새벽기도 때 모시러 오기도 편하고… 깨끗하고 시원하고 좋네요."

설마 하면서 인테리어를 해놓고 보니까 아담하고 좋았습니다. 침대와 붙박이장, 책상과 냉장고를 갖춰놓으니 그럴 듯했습니다. 여선교회에서 음료수와 과일, 강사님 내의와 세면도구 등을 준비하고 저는 꽃꽂이를 맡고 도우미 집사님이 청소를 해주시니 호텔방에 뒤지지 않더군요.

그렇게 1호 게스트로 모신 분이 장경동 목사님, 다음은 장학일 목

사님이셨고 이후에 미국에서 오신 목사님과 임승환 나사렛대학교 총장님, 주선민목사님도 묵고 가셨습니다. 주무신 목사님마다 방명록에 서명하고 가셨으니 작은 방 하나가 수십 분을 모셨지요.

방명록 기록 중에 '엘리사에게 사역 둥지를 마련해준 수넴 여인에게 주님의 축복과 사랑이 함께하시길'이란 말씀을 자주 보고 쓰다듬으며 아멘 한답니다.

나중에 둘째 딸 지혜가 그러더군요.

"엄마가 하나님한테 9평짜리 집을 내드렸더니 하나님은 우리에게 하남에서 제일 좋은 47평짜리 우남 F 빌로 옮겨 주시네요. 이렇게 이사하게 된 건 다 엄마 덕이야. 엄마가 강사 목사님께 숙소를 드렸더니 더 큰 복을 받았잖아요. 엄마, 하나님 감사합니다."

작은 것을 드리니 하나님은 더 크고 놀라운 것으로 갚아주십니다. 하나님은 최고의 경제학자시고 세상에서 제일가는 부자니까요.

할머니의 전도는 마음이죠

어느 분이 할머니의 전도법 특징이 뭐냐고 묻더군요.

앞에서도 얘기했지만 제 전도법은, 첫째는 하나님한테서 오는 사랑이 이웃에게도 전해져야 되겠다는 마음이고, 둘째는 계산 안 하고 그냥 주는 마음이고, 셋째는 심고 기다리는 따뜻한 마음이고 넷째는 냇가에서 고기 잡을 때 투망치는 방식으로 전도하고 있다고 말했습니다.

따뜻한 마음을 내 식대로 표현해보자면 사마리아인의 마음 같은 거예요. 강도 만나 길가에 쓰러진 자를 보고 제사장은 지나갔지만 사마리아 사람은 생전처음 보는 그를 여관으로 데려가 상처를 치료해줬어요.

내가 어려움 당했을 적에 가까운 사람은 나를 보고 지나치더군요. 오히려 생각지도 않던 사람이 천사처럼 나타나서 나를 무조건적으로 도와줬어요. 저도 기회 있을 때마다 내가 전에 받았던 귀한 사랑을 어려움 당한 사람한테 베풀려고 노력했습니다. 내가 그 사랑을 받아봤으니 같은 심정으로 전달하는 것뿐이지요.

그리고 심는 마음을 설명하자면 이래요.

제가 교회에 간증하러 갈 때 「할머니의 전도법」 책을 작은 교회는 30권, 큰 교회는 50권, 아주 큰 교회는 100권까지 그냥드리고 옵니다. 팔아야 할 내 책으로 생각하지 않고 믿음의 씨앗으로 생각하기 때문입니다. 그 교회에다 콩도 심고 보리도 심고 팥도 심어놨다는 마음으로 기증해드리고 오면 하나님의 기적의 역사가 나타나리라 믿기 때문입니다.

어느 사람이든지 책을 읽을 테니까 이제는 성령님이 일하실 차례

지요. 성령 하나님이 깨닫게 하고 그 사람을 감동시키면 하나님을 만나는 기적이 일어납니다. 또는 전도의 열정의 타오르겠죠. 그러면 믿음의 씨앗에서 싹이 나고 자라 잎과 열매가 열리겠지요. 저는 책보다 책 속에 숨은 성령의 씨앗에 소망을 품었습니다.

제가 하나님의 사랑을 내가 받았으니까 그 받은 사랑을 베풀어서 이웃사람들에게 스며들어가게, 이어지게 해야겠다, 강도 만난 사람처럼 어처구니없는 아픔과 슬픔을 겪고 있는 사람이라면 아픔을 같이 나눌 수 있는, 애통하는 마음, 배고프면 밥을 줘야 되고 쌀을 줘야 되는 그런 사랑, 그가 필요한 용도에 맞춰서 "너희가 먹을 것을 주라" 하신 하나님의 명령과 사랑을 전달하는 것이 바로 전도라고 생각해요.

전도를 하려면 먼저 대상자인 이웃을 사랑해야죠. 사랑에는 그의 말을 잘 들어주는 경청도 있고 마음이 통하는 소통도 있어요. 감정적으로 좋은 통로가 되어주기, 그 사람의 입장이 되어 역지사지로 생각해주기 말입니다.

그리고 투망치는 방법은 내가 망을 던지면 손주 용석이와 보명이가 멀리서부터 물고기를 몰고 오는 방법입니다.

효과가 아주 좋습니다. 그렇게 해서 용석이, 보명이 친구들과 사귀어 놓으면 그 아이들이 집에 가서 부모들에게 자랑하게 되고, 머지 않아 그 아이들 엄마와 만나게 되고, 자기 자식 잘 돌봐주니까 고마워하며 호감을 갖고 있기에 그 집에 어려움이 있거나 교회 행사 때에 맞춰 초청하면 애들 엄마, 아빠가 교회와서 전도받고 믿게 되더군요.

마지막으로 하나님의 사랑 즉 아가페 사랑이 필요하다고 생각해요. 나는 죽고, 오직 독생자 예수님을 내어주신 하나님의 크고 멋진 사랑이 살아 움직여야 합니다.

전도할 때 이것저것 따져보고 계산기를 두드리면 잘 안 돼요. 계산 안 하고 그냥 심는 거지요. 예를 들어, 옷가게를 하나 겨냥했다면 옷 한 벌 사주는 손님으로 다가가는 전술인데 그러다 보면 그게 꽤 먹힌답니다.

한번은 옷가게 사장님이 스스로 그러더라고요.

"이 정도 되면 나한테 교회 오라고 말할 때도 됐는데…요."

전도, 그 거룩한 부담

간절함이 사라지고 돈을 사랑하는 세상이다 보니 더더욱 어렵다는 게 전도입니다. 사실 한국 교회와 기독교에 대한 편견을 깨기도, 타인에게 다가가기도 쉽지 않은 일이지요. 시간과 마음과 돈을 내고

오래 인내해도 열매 맺기까지는 참 길고 지난한 과정입니다.

그럼에도 불구하고 우리가 전도할 수 있는 것은 하나님이 나와 함께 한다는 증거라고 믿습니다. 이건 절대적으로 하나님이 도와주지 않으면 안 되는 일이니까 기쁘기도 합니다. 성령님이 저와 동행한다는 사실이 기쁜 반면 짐이 무겁게 느껴질 때도 있습니다. 더 많이 전도해야 된다, 주님께 밥값을 해야 한다는 의무감 때문에 말입니다. 그런 거룩한 부담이 제게 힘도 되고 짐도 됩니다.

한때 3만원이 없어 혈압 약을 못 사먹고 중풍으로 거동이 불편했던 저는 지금 누가 봐도 건강한 몸이 되었습니다. 덤으로 살게 해주셨으니 이 건강 가지고 내 생명 다하도록 전도에 목숨 거는 일밖에 그 이상은 없습니다.

내가 먼저 말씀으로 무장하고 저 사람을 전도해올 수 있는 힘이 있어야 합니다. 그 사람보다 우월해야 그를 데리고 올 수 있지요. 말씀으로 서기 전까지는 전도하기가 어렵지만 내가 말씀과 기도를 겸비하고 다가가면 상대에게도 주 예수 그리스도의 사랑이 전해지고 그 사랑에 녹아진 상대방이 주님께 나아옵니다.

연애를 예로 들어볼까요? 연인들은 자주 만납니다. 사랑을 전하고자 하면 그처럼 자주 접촉해야 됩니다. 만나서 차를 마신다든지, 밥을 먹는다든지, 필요한 것을 나눠준다든지, 이야기를 들어주는 소통이 있어야지요. 그에 대한 배려 없이 내가 원하는 대로 들이댔다가는 역효과가 나고 헤어지는 수밖에 없습니다. 그 부작용은 오래가지요.

전에는 용석이나 보명이의 통로를 통해서 사람들에게 다가갈 수 있었는데, 용석이가 중국으로 갔을 때 전도가 덜 되는 것 같아 아쉬웠습니다. 좋은 통로 하나가 없어져서 허전한 마음에 또 다른 통로를 달라고 기도했는데 주님은 용석이를 다시 한국으로 보내주셨습니다.

손자 이름으로 드린 불빛 헌금

우리 교회 건물이 큰 길가에 있지만 밤에는 너무 어두워 보이는 게 마음에 걸리던 차에, 교회 외관을 밝힐 전기선 작업을 한다는 목사님 말씀이 마음에 훅 들어왔습니다. 저도 참여하고 싶었는데 용석이 엄마 지혜가 흔쾌히 헌금하기를 원했습니다. 그것도 용석이 이름으로 드리고 싶다는 말에 대견하고 또 감사했지요.

준비도 안 된 채 유학을 간 용석이는 영어와 중국어 그리고 학과 공부를 따라가기가 너무 벅차 2배로 힘든 과정을 겪었지만 하나님께서 지혜 주시고 이끌어주셔서 이젠 다른 학교에서 적응을 잘하고 있습니다. 어린 용석이에게는 고된 훈련이었지만 결국 주님께서 합력

해 선을 이루게 하심이 감사해 다른 학교에서 할머니도 엄마도 용석이를 주님께 맡기는 마음으로 드렸는데 그 마음을 받아주신 것 같습니다. 아울러서 더 좋은 집으로 옮겨주신 일, 지금보다 조금씩 더 나은 환경을 주시는 축복에 대한 감사도 표하고 싶었고요.

밤에 빛이 교회당을 환하게 하듯이 용석이의 삶도, 지혜네 수산물 가게도 주님 덕분에 빛나게 되었으니 마음을 드리고 싶었습니다. 계속 손님이 이어지게 해주시고 지혜와 저를 축복의 통로로 삼아 주님의 소용대로 필요한 돈을 흘러가게 해주시니까요.

두 딸이 가게 일이나 다른 일로 아무리 바빠도 무조건 주일 성수하고 아동부 성가대 대장과 중고등부 교사를 맡아 성가대 가운이나 간식 등 일일이 챙기면서 활기차게 신앙 생활하는 모습도 감사하고요.

다른 곳에는 1원 한 장 허투루 쓰지 않지만 영혼을 위해서는 돈 아끼지 않는 마음을 주셔서 더욱 감사합니다. 그 마음이 꾸준하고 변함없게 해주심도 주님의 은혜지요. '이쯤 했는데 그만할까?', '이쯤 했으니 더 주실까?' 아예 계산 못하게 하신 것도 참 다행입니다.

"우리는 속이는 자 같으나 참되고 무명한 자 같으나 유명한 자요 죽은 자 같으나 보라 우리가 살아 있고 징계를 받는 자 같으나 죽임을 당하지 아니하고 근심하는 자

같으나 항상 기뻐하고 가난한 자 같으나 많은 사람을 부요하게 하고 아무것도 없는 자 같으나 모든 것을 가진 자로다"(고린도후서 6:8~10)

쓰고 또 쓰며 붙잡은 말씀들

"지혜로운 여인은 자기 집을 세우되 미련한 여인은 자기 손으로 그것을 허느니라"(잠언 14:1)

이 말씀은 돌아가신 시어머니가 제게 주신 말씀입니다.

금호동에서 믿음이라면 첫째로 꼽혔던 시어머니가 저희 집에 오실 때마다 "너한테 줄 게 있다", "너한테 줄 수 있는 건 이것밖에 없단다"며 무슨 글귀를 적은 종이를 주시곤 했습니다.

그때는 주님을 못 만났으니까 종잇조각이 좀 귀찮았죠. 그런데 그 말씀이 제게 겨자씨 하나였던 겁니다. 여러 말씀을 많이 주셨는데 이 말씀만 기억이 나네요.

이 말씀과 함께 난을 쳐서 액자에 넣어가지고 주님을 모르는 며느리한테 주셨지요. 이 말씀을 붙잡고 항상 주님의 지혜를 구하고 지혜로운 여인이 되게 해달고 간구합니다.

"내가 진실로 진실로 너희에게 이르노니 한 알의 밀알이 땅에 떨어져 죽으면 많은 열매를 맺고, 죽지 않으면 그대로 있느니라"(요한복음 12:24)

C 기도원 Y 원장님이 "내가 평생 이 말씀대로 여태껏 한 알의 밀알이 된 마음으로 이 기도원을 세웠습니다"라고 강조하셔서, 저도 냉큼 이 말씀을 붙잡고 지금까지 지내왔으니 주님의 크신 은혜입니다.

한 알의 밀알이 열매를 맺으려면 내가 죽고 썩어야 됩니다. 죽지 않고 썩지 않으면 아무 변화가 없지요. 밀알의 몸과 마음으로 여생을 헌신하려고 합니다.

"여호와께서 자기 백성의 맞은 자리를 고치시는 날에는 달빛은 햇빛 같겠고 햇빛은 일곱 날의 빛과 같으리라"(이사야 30:26)

제가 하나님한테 얻어 터져 만신창이가 돼서 성안교회에 왔을 때 장학봉 목사님이 주신 말씀이라서 힘들 때마다 꼭 붙잡고 있습니다.

아픈 몸이 조금씩 나아가고 용석이가 학교 갈 무렵의 어느 주일날, 내 귀와 마음에 새겨진 말씀이었죠.

"여호와께서 내 백성의 맞은 자리를 고치시는 날에는 달빛은 햇빛 같겠고!"

그러니까 달빛은 언젠가는 햇빛 같은 소망이 있다는 겁니다.

"햇빛은 일곱 날의 빛과 같이 비추리라."

일곱은 완전수지요.

내가 차가운 어둠이었을 때는 달빛, 내가 좋아졌을 때는 밝은 햇빛입니다. 이 말씀이 나한테 온 때에 '아, 이 말씀이 언젠가는 나한테 이루어지겠구나'라고 생각하고 그 말씀을 700번 정도 공책에 쓰고 또 썼습니다. 지금도 우리 목사님이 주시는 말씀이 나한테 떨어지면 그 말씀을 노트에 쓰고 주야로 묵상하면서 기도하고 있지요.

"그는 실로 우리의 질고를 지고 우리의 슬픔을 당하였거늘 우리는 생각하기를 그는 징벌을 받아 하나님께 맞으며 고난을 당한다 하였노라. 그가 찔림은 우리의 허물 때문이요 그가 상함은 우리의 죄악 때문이라. 그가 징계를 받으므로 우리는 평화를 누리고 그가 채찍에 맞으므로 우리는 나음을 받았도다"(이사야 53:4~6)

이 말씀을 한 7개월 가까이 3천 번을 쓰고 나서는 가래침 같은 걸 내내 토해냈습니다. 나중에 알았는데 그건 영적으로 묵은 찌꺼기들을 뱉어내는 거라더군요. 기독교는 체험의 종교이고 나도 성령으로 고침 받은 자이기 때문에 어디 가서 간증할 때도 제게 일어난 일을 담대하고 거침없이 전합니다. 지금 질병이나 어려움 당하는 분들에게, 저처럼 이 말씀 붙잡고 나아가 보라고 강력히 권합니다.

내가 발견한 희망을 남에게도 전해줘서 달빛이 햇빛 되게 하자.

더 많이, 더 열렬히 전도하자.

우리의 소망은 주께 있다는 것을 힘 닿는 데까지 전하자.

"끝으로 너희가 주 안에서와 그 힘의 능력으로 강건하여지고 마귀의 간계를 능히 대적하기 위하여 하나님의 전신 갑주를 입으라. 우리의 씨름은 혈과 육을 상대하는 것이 아니요 통치자들과 권세들과 이 어둠의 세상 주관자들과 하늘에 있는 악의

영들을 상대함이라. 그러므로 하나님의 전신 갑주를 취하라 이는 악한 날에 너희가 능히 대적하고 모든 일을 행한 후에 서기 위함이라.

그런즉 서서 진리로 너희 허리 띠를 띠고 의의 호심경을 붙이고 평안의 복음이 준비한 것으로 신을 신고 모든 것 위에 믿음의 방패를 가지고 이로써 능히 악한 자의 모든 불화살을 소멸하고 구원의 투구와 성령의 검 곧 하나님의 말씀을 가지라. 모든 기도와 간구를 하되 항상 성령 안에서 기도하고 이를 위하여 깨어 구하기를 항상 힘쓰며 여러 성도를 위하여 구하라.

또 나를 위하여 구할 것은 내게 말씀을 주사 나로 입을 열어 복음의 비밀을 담대히 알리게 하옵소서 할 것이니 이 일을 위하여 내가 쇠사슬에 매인 사신이 된 것은 나로 이 일에 당연히 할 말을 담대히 하게 하려 하심이라"(에베소서 6:10~20)

구원의 투구, 복음의 신, 믿음의 방패, 성령의 검… 마귀와 싸워야 할 때나 전도를 하러 가기 전에 저는 이 말씀으로 다시금 중무장합니다. 베드로후서 2장 19절 말씀처럼 "누구든지 진 자는 이긴 자의 종이 되기" 때문에 내가 말씀으로 이겨야지, 져버리면 그 사람이 시키는 대로 따라야 하는 종이 되잖아요.

'그럼 요렇게 준비해가지고서 저는 가겠습니다.'

기도하며 전도하고 있습니다.

에스겔 골짜기에 가득했던 마른 뼈들에게 하나님의 터치(생기)가 닿으면 다시 살아나듯이 이 말씀들을 제 오장육부에 저장했다가 어느 순간 탁 하고 터치가 되면 움직이면서 성령이 역사가 일어납니다!

"… 너희 마른 뼈들아 여호와의 말씀을 들을지어다. 주 여호와께서 이 뼈들에게 이같이 말씀하시기를 내가 생기를 너희에게 들어가게 하리니 너희가 살아나리라" (에스겔 37:4~5)

열려라 에바다 열려라

아직 어린 손주들이지만 저는 다 큰 애들로 생각합니다. 서로 마음도 통하고 얘기도 알아들어서 공유할 만하니까요. 그러기에 다양한 연령층과 소통하며 전도가 된 것 같습니다. 손주 얘기라고 한구석에 처박아 놓았다면 여러 세대들을 전도할 수 없었을 겁니다.

주님의 말씀을 새기고 주님의 세미한 음성에도 민감해져서 분별력이 있어야 합니다. 손주를 본다고 해도 아이들이라고만 생각하지 말고 그 속에, 그 너머에 있는 존재와 영혼을 생각해야 눈과 귀가 그리고 마음과 심령까지 열릴 수 있습니다. 보이지 않고 들리지 않던 것들을 보고 들을 수 있지요. 그래야만 전도가 되는 경험을 먼저 해본 사람으로서, 그런 에바다의 역사가 우리 모두에게 일어나기를 소망합니다.

'어두워진 세상길을 주님 없이 걸어가다…'
어두워진 세상길에 나 혼자 있다가 주님을 만나니까 너무 기뻐서

춤을 추다 보니 다섯 시간을 췄습니다. 주님을 만나니 부끄러운 게 없어지고 기쁨으로 충만해서 덩실덩실 그랬나 봅니다.

에바다 찬양을 듣고 부르는 동안 성령이 임재해서 저를 붙잡아주시는 것 같았습니다. 이렇게 귀가 열리고 눈이 열리니까 다 알아듣는구나. 내 어둡고 강퍅한 심령도 열려라 에바다! 뭐든지 다 열려라! 주님의 말씀! 하나님의 뜻을 알아듣는 새사람으로 거듭나고 밝아지는 에바다의 기적이 제게 일어났습니다. 그래서 간증 때마다 에바다를 강조합니다.

"하나님의 음성을 들을 줄 알아야 됩니다. 영안이 열리는 에바다의 역사가 일어나기를 축복합니다."

주님이 주신 내 사명이 사람들의 잠을 깨우고 눈을 뜨게 만드는 전도라고 생각합니다. 세상의 많은 사람들이 주님과 만날 수 있도록 돕는 자로서, 불이 아닌 불쏘시개 역할을 하러 가는 것이지요.

'성령님이 또 알아서 하시니. 내가 가면 되겠지.'

그 마음으로 성령님께 맡기고 순종하며 '들쑤시러' 갑니다.

어두워진 세상길을 주님 없이 걸어가다
나의 영혼 어두워졌네.
어느 것이 길인지
어느 것이 진리인지 아무것도 알 수 없었네.

주님 없이 살아가는 모든 삶 실패와 좌절뿐이네

사랑하는 나의 주님 내 영혼 눈을 보게 하소서.

열려라 에바다 열려라 눈을 보게 하소서

죄악으로 어두워진 나의 영혼을 나의 눈을 보게 하소서.

책은 씨앗으로, 사례비는 건축헌금으로

사례비를 받으면 꿈인가 생신가 해서 만져도 보고 쳐다도 보고 했습니다. 너무 귀한 돈이라서 차마 제가 못 쓰겠어서 여쭤봤습니다.

'하나님, 주신 이 귀한 헌금을 어떻게 하면 귀하게 쓰겠습니까? 주님 주셨으니 주님께 드려야겠지요?'

기도하면서 모으다가 교회 성전 짓는 건축헌금으로 드리고 나니 마음이 흡족했습니다.

처음에는 사례비를 얼마 주는지도 몰랐습니다.

'나한테까지 사례금을 주겠어?' 하는 마음으로 간증하며 다녔는데, 아무리 돈 잘 쓰는 저라도 그 돈이 너무 귀해서 쓸 수가 없었습니다.

또 하나, 집회 때마다 책을 보급하는 일도 쉽지 않았습니다.

다 팔지 않아 책을 다시 싸가지고 돌아오는 것도 내 자존심이 허락치를 않더라고요.

'안 되겠다. 내가 그동안 전도비로 쓴 게 얼만데… 이건 아무것도 아니지.'

하나님은 늘 지혜를 구하는 제게 이런 영감을 떠오르게 하셨습니다.

'책을 믿음의 씨앗으로 뿌려라. 씨앗은 어디 가서든지 떨어져서 싹이 나고 몇 배로 쓰임 받을 거야.'

먼 교회는 택배로 미리 부치고 가까운 교회는 책을 들고 다니면서 심었지요. 다들 기뻐하고 감사해하는 모습에 살짝 뿌듯해졌습니다.

늘 뭐라도 주고 와야 마음이 놓이지 돈만 싹 받아갖고 온다는 건 내 마음이 허락하지 않았습니다. 사람에게는 주고 하나님께만 받는 스타일이 더 어울리니까요. 제 마음에 오는 대로, 하나님을 전하는 전도왕 박순자답게 살아서 기쁩니다.

돌아오는 발걸음이 가볍고 기쁜 걸 보니 하나님이 그걸 원하는 것 같습니다. 주변에서 책을 팔아야 한다고 조언도 해주시지만 저는 "제 방법으로 할래요, 제가 알아서 해볼게요" 하고 웃어넘깁니다.

이렇게나 저렇게나 어디 가서든 전도비를 쓰는데 어디서든지 씨를 뿌려놓으면 싹이 많이 나오겠지. 심은 대로 거두게 하신다는 믿음으로 계산 없이 삽니다.

내가 하나님의 일에 최선을 다하면 하나님도 내게 최선을 다하십니다. 세상의 복을 구하지는 않았지만 우리 아이들의 형통함이 그 증거입니다.

자녀들의 사업이 잘되고 흘러나오는 물이 넉넉하니까 많이 먹을 수 있어서 좋더군요. 졸졸졸 흘러나오는 물이면 모자랐을 텐데 넉넉하니까 부드러워지고 여유가 있어서 통로로는 그만입니다.

다들 살기가 참 팍팍하다고 하는데 자녀들의 사업이 번창하고 손주들이 잘 된 것도 하나님의 큰 복이고 기적입니다. 아버지 하나님께 순종했더니 그 순종의 복과 만남의 복을 아이들이 받고 있습니다.

저 또한 하나님 덕분에 생각지도 못한 분들도 만나고 인맥이 많이 업그레이드 됐으니 주님 빽으로만 가능한 놀라운 축복과 기적의 비밀을 찬송하고 증거하렵니다. 주님의 빽 의지하고 분투하는 성도님들께도 아름다운 역사가 일어나기를 기도합니다. 샬롬!

주 예수보다 더 귀한 것은 없네
이 세상 행복과 바꿀 수 없네
유혹과 핍박이 몰려와도
주 섬기는 내 맘 변치 못해
세상 즐거움 다 버리고
세상 자랑 다 버렸네
주 예수보다 더 귀한 것은 없네
예수밖에는 없네.

제4부

할머니의 전도와 부흥

-성안교회 정삼숙 사모

전도 2관왕
박권사님은...

사람이 스쳐지나간 자리에는 그 사람의 향기가 남기 마련입니다. 성경의 다비다의 삶이 선한 영향력을 남겼듯이 우리 박순자 권사님의 일생은 어쩌면 다비다 같은 삶일 것입니다.

단 한순간도 다른사람으로부터 지탄과 불편함을 만들지 않을려고 애쓰기 때문입니다. 대신 진실된 사랑과 섬김으로 감격하고 감사하게 만드는 분입니다. 수년 동안 지켜보았지만 단 한번도 변함이 없이 나보다는 다른 사람을 더 생각하고 섬기기를 먼저하며 자신의 일로 드러내려하지 않는 분입니다.

그래서 그분의 전도는 언제나 관계를 통해 일어납니다.

권사님을 경험하고 함께한 사람들은 권사님의 권유를 뿌리칠 수 없게 만드는 재주가 있습니다.

그것은 무한정 섬기기 때문입니다. 권사님의 전도는 달달 외운 매뉴얼의 스킬이 아닙니다. 투박하고 영혼을 사랑하는 사랑의 표현 일 뿐입니다. 그래서 우리는 이런 말을 합니다.

"권사님에게 걸리면 그 사랑에 녹아지지 않을 사람이 단 한명도 없다."

그래서 권사님한테 전도된 사람들은 평생을 같이 하게 됩니다.

교회를 나오게 된 사람들은 처음에는 권사님 주변에 앉게 되고 주변을 돌게 되지만 곧 교회 안으로 들어와 성숙한 크리스천으로 성장하게 됩니다. 그것은 교회 안에서는 다른 성도들에게 특별한 사랑을 맡기고 평소에는 본인이 철저히 사랑으로 보살피기 때문입니다.

그리고 권사님으로부터 전도된 사람들은 특별하게도 애, 어른 모든 가족을 우리 교회로 인도합니다. 권사님의 전도 열매는 그래서 언제나 풍성하기만 합니다.

박권사님도 여느 할머니들처럼 손주들을 돌보는 분입니다. 둘째 딸의 가정이 사업을 하기 때문에 두 아이를 맡아 길러야 합니다. 그러나 권사님의 마음 속에는 언제나 거룩한 부담인 영혼 구원의 열정이 불타오르고 있습니다. 스스로 할머니이기를 마음으로 거부하며 열정적인 복음의 증인이 되고 싶어 하는 것이 조금 다를 뿐입니다.

그 힘이 어디서 날까를 생각해 보다가 여러 가지 중에 중요한 한 가지를 발견했습니다.

권사님은 예배시간에 앞자리에 앉아 설교를 듣다가 꼭 한두 말씀을 붙잡습니다. 그리고 한 주간 그 말씀이 마음에 뿌리가 내릴 때까지 두꺼운 대학노트에 수백 번이라도 쓰고 또 씁니다(나침반출판사 김대표도 인터뷰 중 그 노트를 보고 감동돼 받아쓰고 있답니다).

박 권사님의 전도를 보면서 많은 교회의 할머니 권사님이나 집사님들이 복음의 열정가들로 세워지기를 기대해 봅니다.

박 권사님을 지켜보면서 전도의 열매를 많이 맺는 특징, 그러기 위해서 우리에게 필요한 것이 무엇인가를 생각해 봤습니다.

1. 일할 수 있음을 감사하는 마음이 먼저 있어야 합니다.

권사님은 두 아이를 돌보는 것을 가장 기쁜 일로 여깁니다. 그래서 신바람이 나 있습니다. 당연히 딸도 어머니에게 용돈을 드리는 것을 기뻐하게 만들지요.

2. 진심이 있는 사랑을 베풀어야 합니다.

할머니에게도 많은 용돈이 필요합니다. 그러나 권사님은 복음을 전하기 위해 모든 재물을 쓰려고 합니다. 주변의 대상자들은 내가 돈을 써야 할 사람이라 생각 하는 것이지요. 그런데 크건 작건 베푸는 사랑에는 진심이 있어야 합니다. 그래야 적은 것에도 큰 감동을 받게 되고, 마음의 문을 열게 됩니다.

3. 많건 적건 주님을 위해 재물을 사용하는 기쁨이 있어야 합니다.

권사님의 한 달 수입은 보통의 할머니들이 손주들을 보는 일반적인 금액입니다. 그러나 그것을 통크게 사용함으로써 전도의 열매가 있기에 아낌없이 주고, 주님은 그렇게 할 수 있도록 물질을 더 해주십니다.

이제는 100세 시대입니다. 이제 교회에서도 60-80대의 할머니 할아버지들을 노인 취급하지 않습니다. 이제 복음의 노익장을 과시하는 역설을 시작 할 때입니다. 그러기 위해서 필요한 것은...

(1)전도에 대한 열정을 가지고 대상찾기를 위해 기도해야 합니다.

(2)가지고 있는 재물을 사용하려는 노력을 해야 합니다.

(3)나도 할수 있음을 믿고 알아야 합니다.

(4)하나님이 약속하신 말씀을 붙들고 기도하며 기다려야 합니다.

(5)할 수 있으면 외모도 격이 있게 꾸며야 합니다.

(6)남의 필요를 알고, 간섭대신 진심으로 베풀고 돌봐야 합니다.

(7)전도를 위해 카톡이나 문자메세지를 사용할 줄 알아야 합니다.

관계성의 천재들인 할머니들은 이미 그들의 시절을 지냈기때문에 그들의 애환을 알고 있습니다. 그러므로 누구보다 그들을 이해할 수 있기에 이제는 사랑으로 젊은이들을 끌어 안아야 합니다. 잘하면 누구보다도 더 많은 사람들을 주님께 인도할 수 있습니다.

한 할머니의 영향력이 교회에 전도불을 붙이고 거룩한 도전이 됩니다.

박권사님의 한 따님은 우리 교회 학생부 교사입니다.
그런데 그녀가 지난주 중고등학생 21명을 교회로 인도했습니다. 학생들이 교회를 떠나는 이 시대에 놀라서 어찌된 일인지 물었더니, 대답이 아주 간단했습니다.
"엄마가 전도하는 방법대로, 나도 했을 뿐인데, 이렇게 되네요."
그러더니만 딸은 2015년에 감리교중앙연회에서 청소년 부분 전도왕 엄마 박순자권사님은 2014년과 2016년에 전도 2관왕이 됐습니다. 박권사님의 전도 대상은 거의가 젊은 학부모들이고 그들과 자녀들로 인해 결국 온 가족이 교회에 등록합니다.
나이, 환경, 신분을 넘는 특별한 전두를 모든 할머니들이 도전해봤으면 좋겠습니다. 그래서 교회마다 전도의 열매로 꽉 차 생명력이 넘쳤으면 좋겠습니다.
"지혜 있는 자는 궁창의 빛과 같이 빛날 것이요 많은 사람을 옳은 데로 돌아오게 한 자는 별과 같이 영원토록 빛나리라"(다니엘 12장 3절)

당신은 이 세상에 하나밖에 없는 하나님의 아들의
목숨값이 나가는 귀한 사람입니다.

주님을 기뻐하며 정삼숙

엄마, 아빠! 저좀 잘 키워주세요

정삼숙 지음

자식의 장래는 부모의 무릎 교육에 달려 있습니다. 자녀에게 성경적 영적성품을 신앙 유산으로 남겨 주십시오.자녀는 하나님과 사람들에게 총애받는 인재가 됩니다.

성경적 영적성품 12가지 심기!

잠언에서 배우는 지혜 12가지

정삼숙 지음

미국의 예일, 줄리어드, 노스웨스턴, 이스트만, 브룩힐, 한예종, 예원중에서 수석도 하고 장학금과 지원금으로 그동안 10억여 원을 받으며 공부하는 두 아이지만, 그녀는 성품과 지혜 교육을 더 중요시했다.

잠언에서 찾은 12가지 지혜 심기!

《 맞춤형 30 일간 무릎기도문 시리즈 》

염려대신 기도합시다 ! 기도하면 문제가 해결됩니다 !

가정❶ 자녀를 위한 무릎기도문
가정❷ 가족을 위한 무릎기도문
가정❸ 남편을 위한 무릎기도문
가정❹ 아내를 위한 무릎기도문
가정❺ 태아를 위한 무릎기도문
가정❻ 아가를 위한 무릎기도문
가정❼ 재난재해안전 무릎기도문 (부모용)
가정❽ 재난재해안전 무릎기도문 (자녀용)
가정❾ 십대의 무릎기도문 (십대용)
가정❿ 십대자녀를 위한 무릎기도문 (부모용)

교회❶ 태신자를 위한 무릎기도문
교회❷ 새신자 무릎기도문
교회❸ 교회학교 교사 무릎기도문

365❶ 우리 부모님을 지켜 주옵소서 (365일용)
365❷ 번성하게 하고 번성하게 하소서 (365일용)
365❸ 자녀축복 안수 기도문 (365일용)

기도❶ 선포(명령) 기도문

부의 거룩한 이동

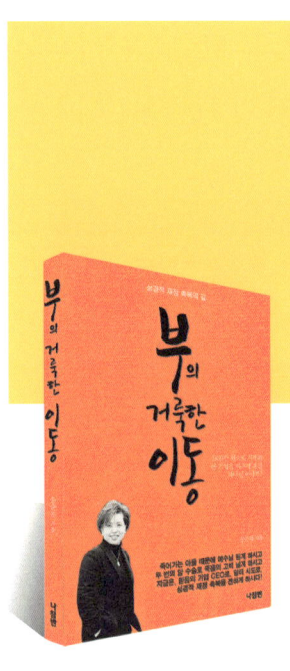

송순복 지음

죽어가는 아들 때문에 예수님 믿게 하시고
두 번의 암 수술로 죽음의 고비 넘게 하시고
지금은, 믿음의 기업 CEO로, 일터 사도로,
성경적 재정 축복을 전하게 하시다!

**5백만 원(5평가게)으로 시작해
큰 기업을 이루게 하신 하나님 이야기!**

CBS-TV「새롭게 하소서」
저자 출연 동영상 보기

희망으로 키운 겨자씨

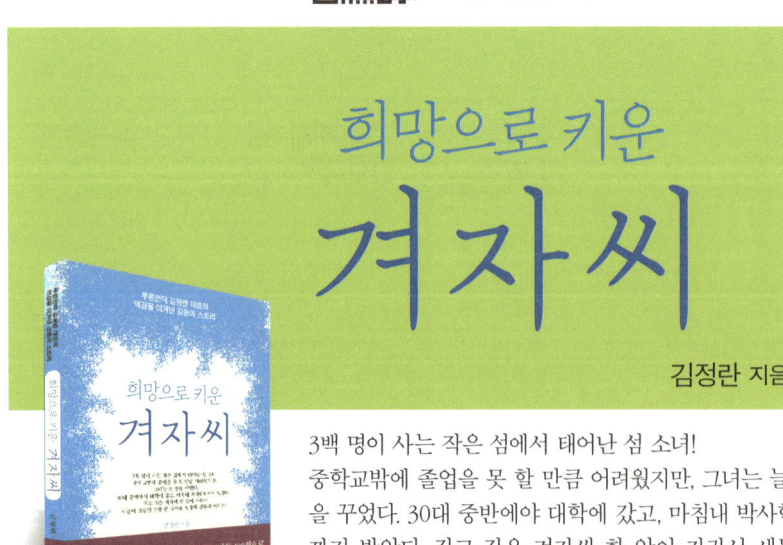

김정란 지음

3백 명이 사는 작은 섬에서 태어난 섬 소녀!
중학교밖에 졸업을 못 할 만큼 어려웠지만, 그녀는 늘 꿈
을 꾸었다. 30대 중반에야 대학에 갔고, 마침내 박사학위
까지 받았다. 작고 작은 겨자씨 한 알이 자라서 새들이
깃들일 만큼 큰 나무로 성장한 감동의 이야기!

**푸른언덕 김정란 대표의
역경을 이겨낸 감동의 스토리!**

하나님 말씀으로 「축복 선포 기도」
아름다운 입술의 열매

짱 샤 워 비 루 원저
임철헌 / 조한미 편역

만약 건강한 자아 형상을 얻고자 또 윤택하고 아름
다운 인생을 살고자 한다면, 제일 빠르고 좋은 방법
은 성경 말씀에서의 당신의 모습을 인정하고 받아들
이며 입으로 시인하면서 먼저 말의 습관부터 변해야
합니다.

〈건강한 자아 형상 회복과 기적〉

감추인
십자가를 그리다

박영직 지음
전태영 그림

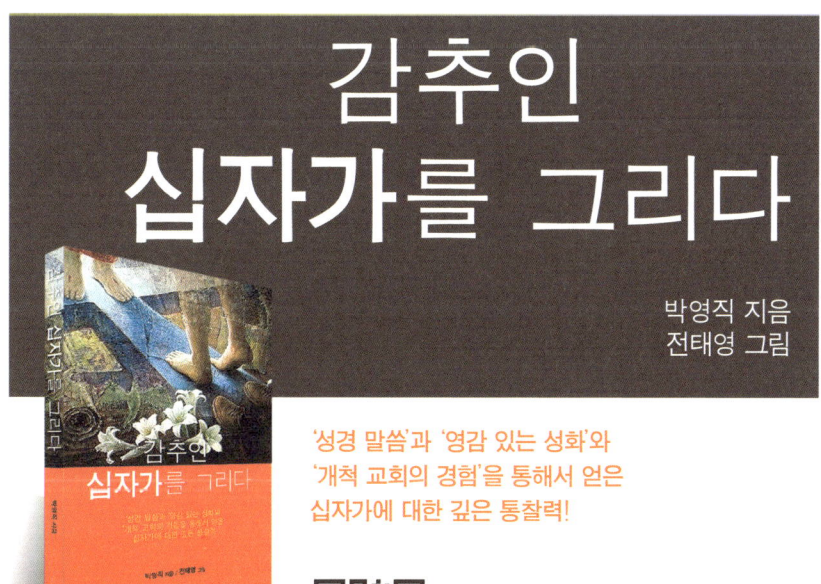

'성경 말씀'과 '영감 있는 성화'와
'개척 교회의 경험'을 통해서 얻은
십자가에 대한 깊은 통찰력!

태평양교회 갤러리QR

망망한 바다 한가운데서 배 한 척이 침몰하게 되었습니다.
모두들 구명보트에 옮겨 탔지만 한 사람이 보이지 않았습니다.
절박한 표정으로 안절부절 못하고 있는 성난 무리 앞에
사라진 그 선원이 급히 달려나와 꼭 쥐고 있던 손바닥을 펴 보이며 말했습니다.
"모두들 나침반을 잊고 나왔기에 … "
나침반이 없었다면 그들은 분명 끝없는 바다 위를 표류할 수밖에 없었을 것입니다.

우리는, 삶의 바다를 항해하는 모든 이들을 위하여
그 나침반의 역할을 하고 싶습니다.
우리를 구원하신 위대한 주 예수 그리스도를 널리 전하고 싶습니다

"하나님은 모든 사람이 구원을 받으며
 진리를 아는 데에 이르기를 원하시느니라"
 (디모데전서 2장 4절)

전도 2관왕
할머니의 전도법

지은이 | 박순자
발행인 | 김용호
발행처 | 나침반출판사

수정1판(총5판) 발행 | 2017년 8월 10일

등   록 | 1980년 3월 18일 / 제 2-32호
주   소 | 07547 서울특별시 강서구 양천로 583
          블루나인 비즈니스센터 B동 1607호
전   화 | 본사 (02) 2279-6321 / 영업부 (031) 932-3205
팩   스 | 본사 (02) 2275-6003 / 영업부 (031) 932-3207
홈   피 | www.nabook.net
이메일 | nabook@korea.com / nabook@nabook.net

ISBN 978-89-318-1539-9
책번호 나-1030

값은 뒷표지에 있습니다.